El trabajo, la naturaleza y la evolución de la humanidad

EL TRABAJO, LA NATURALEZA *y la* EVOLUCIÓN *de la* HUMANIDAD

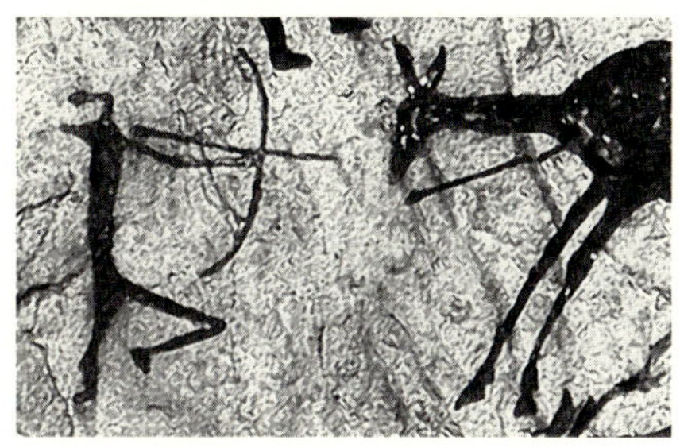

La visión larga de la historia

FEDERICO ENGELS
CARLOS MARX
GEORGE NOVACK
MARY-ALICE WATERS

PATHFINDER
NUEVA YORK LONDRES MONTREAL SYDNEY

Editado por Mary-Alice Waters

Texto en español a cargo de Martín Koppel

Esther Pérez en La Habana, Cuba, tradujo del inglés los dos capítulos de George Novack.

ISBN: 978-1-60488-121-9
Número de Control de la Biblioteca del Congreso
(Library of Congress Control Number): 2021932337

Impreso y hecho en Canadá
Manufactured in Canada

DISEÑO DE LA PORTADA: Toni Gorton

ILUSTRACIÓN DE LA PORTADA: Cazadores de la Edad de Piedra persiguen ciervos con arco y flecha, que fueron de las primeras herramientas que dieron a los humanos la capacidad de cazar y consumir animales grandes y veloces. Pintado alrededor de 7000 AC, Cueva de los Caballos, en el este de España.

Pathfinder
www.pathfinderpress.com
E-mail: pathfinder@pathfinderpress.com

TAMBIÉN DE LOS AUTORES

FEDERICO ENGELS

La situación de la clase obrera en Inglaterra
El Manifiesto Comunista *(con Marx)*
Contribución al problema de la vivienda
Del socialismo utópico al socialismo científico
El origen de la familia, la propiedad privada y el estado
Anti-Dühring
Ludwig Feuerbach y el fin de la filosofía clásica alemana
La dialéctica de la naturaleza

GEORGE NOVACK

Understanding History (Para comprender la historia)
Genocide against the Indians (Genocidio contra los indígenas)
America's Revolutionary Heritage
(El legado revolucionario de Estados Unidos)
Democracy and Revolution (Democracia y revolución)
Revolutionary Dynamics of Women's Liberation
(La dinámica revolucionaria de la liberación de la mujer)
An Introduction to the Logic of Marxism (Introducción
a la lógica del marxismo)
Pragmatism versus Marxism (Pragmatismo versus marxismo)

CARLOS MARX

Tesis sobre Feuerbach
El Manifiesto Comunista *(con Engels)*
Trabajo asalariado y capital
El Dieciocho Brumario de Luis Bonaparte
Contribución a la crítica de la economía política
Salario, precio y ganancia
La Guerra Civil en Estados Unidos *(con Engels)*
El capital
La guerra civil en Francia
Crítica del Programa de Gotha

Continúa en la próxima página

MARY-ALICE WATERS

¿Es posible una revolución socialista en Estados Unidos?
Los cosméticos, las modas y la explotación de la mujer
En defensa de la clase trabajadora norteamericana
Cuba y la revolución norteamericana que viene
El legado proletario del Che y el proceso de rectificación en Cuba
Somos herederos de las revoluciones del mundo
Feminism and the Marxist Movement (El feminismo y el movimiento marxista)

TABLA DE MATERIAS

Recuadros e ilustraciones (próxima página)

RECUADROS

ILUSTRACIONES

ACERCA DE LOS AUTORES

Engels (derecha) y Marx revisan el diario que sacaron durante la revolución de 1848.

FEDERICO ENGELS (1820–1895) fue dirigente fundador, junto a Carlos Marx, del movimiento obrero revolucionario moderno. Él y Marx fueron los más grandes maestros de dialéctica materialista.

Reclutados en 1847 a una organización obrera por dirigentes proletarios probados, Marx y Engels redactaron su programa, el Manifiesto Comunista, y participaron en la formación de la Liga Comunista (1847–52). Muchos años después, al recordar sus primeros encuentros con los trabajadores que reclutaron a estos dos jóvenes revolucionarios a la Liga, Engels escribió: "Eran los primeros revolucionarios proletarios que había conocido y, pese a las discrepancias entre nuestros criterios en aquella época —porque, frente a su cerrado comunismo igualitario, yo poseía una buena dosis de soberbia filosófica igualmente cerrada— jamás olvidaré la profunda impresión que me causaron estos tres hombres verdaderos, cuando yo aún quería ser hombre".

Marx y Engels dirigieron el ala proletaria de la revolución alemana de 1848–49, durante la cual Engels participó en los combates de las sublevaciones de Elberfeld, Baden y el Palatinado en 1849. Tras la derrota de la revolución, él y Marx hallaron refugio en Inglaterra, donde el padre de Engels era dueño de una fábrica textil que le permitió a Engels sostenerse y apoyar a la creciente familia de Marx mientras dirigían la reagrupación de la vanguardia obrera revolucionaria internacional.

Juntos fueron los dirigentes centrales de la Asociación Internacional de Trabajadores, conocida también como la Primera Internacional, fundada en 1864. Participaron activamente en luchas obreras en Gran Bretaña y reivindicaron luchas revolucionarias por todo el mundo, desde los movimientos independentistas en Irlanda y Polonia hasta la guerra contra la esclavocracia en Estados Unidos y la Comuna de París de 1871, el primer gobierno obrero del mundo. Estudiaron con gran interés y comprensión los diversos campos de investigación científica que se fueron desarrollando de manera vertiginosa durante su vida.

Después de la muerte de Marx en 1883, Engels dirigió el ala revolucionaria de la Segunda Internacional, fundada en 1880, hasta su fallecimiento en 1895. Libró batallas políticas para impulsar una trayectoria proletaria frente a corrientes reformistas y anarquistas que pretendían desviar el movimiento obrero del curso revolucionario que Marx y Engels defendieron toda su vida.

Después de que Marx completara el primer tomo de *El capital* en 1867, Engels promovió la difusión del libro a nivel internacional. Tras la muerte de Marx, preparó el segundo y tercer tomo de *El capital* a partir del manuscrito inédito y las notas de Marx, al tiempo que siguió colaborando estrechamente con comunistas en toda Europa y Estados Unidos.

El ejemplo que Marx y Engels brindaron durante toda su vida, y sus extensos escritos, han proporcionado la base política para la trayectoria de los revolucionarios y partidos proletarios a nivel mundial por más de un siglo y medio.

GEORGE NOVACK (1905–1992) se sumó en 1933 al movimiento comunista en Estados Unidos. Fue miembro y dirigente del Partido Socialista de los Trabajadores hasta su muerte, formando parte de su Comité Nacional por más de 30 años.

Estudiante en la universidad Harvard durante los años 20, se vio profundamente afectado a principios de los 30 por el ascenso de Hitler al poder en Alemania. Ese golpe a la clase obrera, según llegó a comprender, fue consecuencia de la negativa de la Internacional Comunista, bajo dirección estalinista, de convocar a la acción unitaria con el Partido Social Demócrata para derrotar el creciente peligro nazi. Ante el impacto de esos hechos, Novack rompió políticamente con los círculos mayormente judíos de escritores y artistas de los que formaba parte, compañeros de viaje del Partido Comunista en torno a la revista *Menorah Journal*. Se incorporó a la Liga Comunista de América, antecesora del PST.

Conocido por sus extensos escritos sobre el marxismo y la historia de la filosofía, durante sus seis décadas de actividad revolucionaria Novack asumió diversas responsabilidades como dirigente del partido. Ayudó a dirigir numerosas campañas de defensa en el movimiento obrero. Llegó a ser un popular recaudador de fondos para el PST y otras actividades obreras. Durante la Segunda Guerra Mundial fue miembro de la fracción sindical industrial del partido en la fábrica automotriz de Hudson en Detroit, trabajando como tornero.

Como secretario nacional del Comité Americano para la Defensa de León Trotsky, Novack ayudó a organizar en 1937 la Comisión Internacional de Investigación, encabezada por el conocido educador norteamericano John Dewey, la cual expuso los connotados juicios amañados de Moscú en 1936–38. El informe de la comisión propinó un fuerte golpe a la trayectoria contrarrevolucionaria del régimen encabezado por José Stalin. Los "juicios" llevaron al asesinato y encarcelamiento de millones de personas en la Unión Soviética y otros países. Cuando la maquinaria asesina de Stalin mató a Trotsky en 1940, ya todos los miembros del Buró Político del Partido Bolchevique dirigido por Lenin habían sido depurados, excepto Stalin mismo.

Durante la Segunda Guerra Mundial, Novack fue secretario nacional del Comité de Defensa de los Derechos Civiles. El comité recabó un amplio apoyo entre sindicalistas y defensores de las libertades civiles a favor de 18 dirigentes del Partido Socialista de los Trabajadores y de las huelgas y campañas de sindicalización del sindicato Teamsters en el Medio Oeste. Estos dirigentes, en la mira de la administración Roosevelt por organizar oposición obrera a los objetivos bélicos del imperialismo norteamericano, fueron declarados culpables falsamente de cargos federales de "subversión" y encarcelados bajo la Ley Smith, que prohibía "enseñar, propugnar y fomentar" ideas comunistas.

Novack ayudó a dirigir otras batallas por las libertades civiles y los derechos políticos en las décadas siguientes, incluida la histórica demanda judicial contra las operaciones de espionaje y desbaratamiento realizadas por el FBI, demanda que el Partido Socialista de los Trabajadores ganó en 1986.

Fue partícipe activo de las luchas de masas, desde los años 50 hasta los 70, que derrocaron el sistema *Jim Crow* de segregación racial. Partidario del ascenso del movimiento por la liberación de la mujer, también participó activamente en defensa de la Revolución Cubana y en el desarrollo del poderoso movimiento para poner fin a la guerra de Washington contra el pueblo vietnamita.

Novack escribió extensamente y dio numerosas conferencias en defensa del marxismo y del movimiento comunista en universidades y foros públicos por todo Estados Unidos y a nivel internacional. Ayudó a educar a nuevas generaciones de revolucionarios que se unieron al partido proletario al que dedicó su vida.

CARLOS MARX (1818–1883)

No hay resumen más perspicaz de la vida de Marx que las palabras de su más cercano compañero de armas, Federico Engels, pronunciadas ante su tumba en Londres el 17 de marzo de 1883, tres días después de que falleciera Marx.

Marx con su hija Jenny en Londres, 1864.

El 14 de marzo, a las tres menos cuarto de la tarde, el más grande pensador de nuestros días dejó de pensar. Apenas lo habíamos dejado solo por dos minutos, y cuando volvimos lo encontramos dormido tranquilamente en su sillón, pero para siempre.

Es inestimable lo que el proletariado combativo de Europa y América y la ciencia histórica han perdido con este hombre. No tardará en sentirse el vacío que ha dejado la ausencia de su portentoso espíritu.

Así como Darwin descubrió la ley del desarrollo de la naturaleza orgánica, Marx descubrió la ley del desarrollo de la historia humana: el hecho sencillo, pero hasta entonces oculto bajo una maleza ideológica, de que el hombre necesita en primer lugar comer, beber, tener techo y ropa antes de poder ocuparse de política, ciencia, arte, religión, etcétera. Que por tanto, la producción de los medios materiales inmediatos de sustento y, en consecuencia, el grado de desarrollo económico alcanzado por un pueblo o durante una época determinada, son la base a partir de la cual han evolucionado las instituciones políticas, las concepciones jurídicas, las ideas artísticas y hasta las ideas religiosas de ese pueblo, y a la luz de lo cual deben explicarse, y no al revés, como hasta entonces se había hecho.

Pero no solo eso. Marx descubrió también la ley especial de movimiento que rige el presente modo capitalista de producción y la sociedad burguesa creada por este modo de producción. El descubrimiento de la plusvalía inmediatamente arrojó luz sobre esta cuestión: un problema que, en todas las anteriores investigaciones para tratar de resolverlo, tanto economistas burgueses como críticos socialistas habían andado a tientas en la oscuridad.

Dos descubrimientos como estos bastarían para toda una vida. Dichoso el hombre que tenga el privilegio de hacer tan solo un hallazgo semejante. Pero en todos los campos en que Marx indagó —y él indagó en muchos campos, nunca de manera superficial— en cada uno, entre ellos las matemáticas, hizo descubrimientos originales.

Tal fue el hombre de ciencia. Pero esto no fue ni la mitad del hombre. Para Marx la ciencia era una fuerza histórica dinámica y revolucionaria. Por grande que fuese su alegría ante un nuevo descubrimiento en una ciencia teórica cuya aplicación práctica quizá aún no podía preverse, era muy diferente su alegría cuando el descubrimiento implicaba cambios revolucionarios inmediatos en la industria y el desarrollo histórico en general. Por ejemplo, él estaba muy atento a los hallazgos en el campo de la electricidad, incluidos los recientes de Marcel Deprez.

Pues Marx era ante todo un revolucionario. La verdadera misión de su vida era contribuir, de una forma u otra, al derrocamiento de la sociedad capitalista y las instituciones estatales creadas por ella. Aportar a la emancipación del proletariado moderno, al cual él había sido el primero en hacer consciente de su propia posición y sus necesidades, consciente de las condiciones de su emancipación. La lucha era su elemento. Y luchó con una pasión, una tenacidad y un acierto que pocos han podido igualar.

Su trabajo con el primer *Rheinische Zeitung* (1842), el *Vorwärts* de París (1844), el *Deutsche-Brüsseler Zeitung* (1847), el *Neue Rheinische Zeitung* (1848–49), el *New York Tribune* (1852–61), además de un sinnúmero de folletos combativos. Su trabajo en diversas organizaciones en París, Bruselas y Londres. Y por último, como logro culminante, la creación de la gran Asociación Internacional de Trabajadores. Todo esto fue realmente una obra de la cual su fundador podría estar orgulloso aun si no hubiera logrado nada más.

Por consiguiente, Marx fue el hombre más odiado y más calumniado de su tiempo. Fue deportado por gobiernos tanto absolutistas como republicanos. Los burgueses, tanto conservadores como ultrademocráticos, competían entre sí para lanzar difamaciones contra él. Marx descartaba todo esto como si fueran telarañas, no les hacía caso. Solo replicaba cuando una necesidad imperiosa lo exigía.

Y murió venerado, querido, llorado por millones de trabajadores, compañeros revolucionarios: desde la minas de Siberia hasta California, en todas partes de Europa y América. Y me atrevo a decir que, si pudo tener muchos adversarios, difícilmente tuvo un solo enemigo personal.

¡Su nombre perdurará a través de los siglos, como también su obra!

MARY-ALICE WATERS es una dirigente veterana del Partido Socialista de los Trabajadores y presidenta de la editorial Pathfinder.

Waters fue ganada a la política obrera revolucionaria a principios de los años 60 por la respuesta del Partido Socialista de los Trabajadores a las crecientes batallas de clases que se desenvolvían en Estados Unidos y a nivel mundial. Mientras estudiaba en la universidad, participó en las masivas sentadas y otras acciones que ayudaron a poner fin a la segregación racial *Jim Crow*. Cuando el pueblo trabajador de Cuba, bajo la dirección de Fidel Castro y el Ejército Rebelde, avanzaba con la primera revolución socialista en América y derrotó la invasión mercenaria organizada por Washington en Playa Girón, ella se sumó a otros estudiantes en la Carleton College para organizar lo que por un tiempo fue el capítulo universitario más grande del Comité Pro Trato Justo a Cuba.

Su compromiso con la política comunista se ahondó durante su año de estudio en Francia en 1961–62, que coincidió con los meses finales de la lucha por la independencia de Argelia. Waters participó en las masivas manifestaciones en París de apoyo al pueblo argelino. Experimentó de primera mano la violencia fascista de los policías del odiado cuerpo de "seguridad" (CRS) que apoyaban a militares ultraderechistas que en 1961 crearon la Organización del Ejército Secreto (OAS), la cual pretendía derrocar al gobierno francés y mantener el dominio colonial en Argelia. Al regresar a Estados Unidos, Waters se incorporó a la Alianza de la Juventud Socialista en 1962 y al Partido Socialista de los Trabajadores en 1964.

Entre sus muchas responsabilidades partidistas desde entonces, Waters ha sido directora de varias publicaciones que presentan las posiciones políticas del partido y ha desempeñado un papel central en la dirección del trabajo internacional del PST, especialmente las actividades en defensa de la Revolución Cubana. En los años 80 dirigió tres sesiones de la escuela de dirección del partido, que se enfocaba en los escritos políticos de Marx y Engels. Desde finales de los años 60, Waters ha ocupado responsabilidades centrales para dirigir al partido en la lucha por la emancipación de la mujer, sin la cual no se puede forjar un movimiento obrero revolucionario. Ella habla ampliamente por Estados Unidos y a nivel internacional sobre estos y otros aspectos de la política comunista.

Waters fue secretaria nacional y después presidenta (1967–68) de la Alianza de la Juventud Socialista. Ha sido miembro del Comité Nacional del PST desde 1967. Waters viajó a Francia en 1968 para cubrir el levantamiento de estudiantes y trabajadores para el *Militant*, y a Montreal en 1970 para cubrir la resistencia a la imposición en Quebec de la Ley de Medidas Bélicas por parte del gobierno canadiense. Fue directora del *Militant* de 1969 a principios de los 70, y ha sido presidenta de la editorial Pathfinder desde 1992. Además de ser editora de más de 30 libros sobre la Revolución Cubana, ella es autora, editora o contribuyente a muchas otras obras publicadas por Pathfinder y la revista *Nueva Internacional*.

Sin dialéctica materialista no puede haber revolución obrera

Mary-Alice Waters

El trabajo, junto con los materiales de la naturaleza transformados por él, es la fuente de toda la riqueza. Pero es infinitamente más que eso. Es la condición básica de toda la existencia humana; y lo es a tal grado que debemos decir que el trabajo creó al hombre mismo.

FEDERICO ENGELS, 1876

Este es un libro sobre el origen de la humanidad y cómo llegamos a donde estamos hoy.

¿Por qué es importante esto?

Sencillamente porque, sin comprender los albores de la humanidad y nuestra evolución posterior —con sus contradicciones y consiguientes saltos dialécticos, sus combinaciones imprevistas y disparidades inevitables— los trabajadores en todo el mundo estaremos condenados a seguir siendo prisioneros del momento en que vivimos. Prisioneros de la época capitalista, incapaces de ver más allá de las relaciones de explotación de clase que deforman todos los aspectos de nuestras vidas, ideas, relaciones sociales y hasta valores personales.

Pero el mundo capitalista del "sálvese quien pueda" no es eterno. Ni tampoco es producto de la "naturaleza humana", como suelen decirnos.

La sociedad dividida en clases, de la cual el capitalismo no es más que la etapa más reciente, surgió hace apenas *unos pocos miles* de años. Eso no es ni un abrir y cerrar de ojos en la historia de la humanidad. Estas divisiones de clases emergieron a la par del trabajo social cada vez más productivo de nuestros antepasados, que permitió producir más de lo necesario para la mera supervivencia. Sin embargo, junto con ese excedente surgieron la propiedad privada, los sacerdocios y los estados, acompañados de sus ejércitos y otras instituciones represivas utilizadas para defender la propiedad, el poder y los privilegios de la minoría gobernante.

Por su parte, la dictadura social y política del capital data de hace apenas *unos pocos cientos* de años. El capitalismo —que se basa en el trabajo asalariado de la gran mayoría, quienes carecemos de propiedad con qué vivir y quienes debemos vender nuestra capacidad de trabajar a un empleador— también tuvo un inicio bajo condiciones históricas específicas. Tendrá su final bajo otras.

Dotada de esta visión larga de la historia, una vanguardia obrera de todas las nacionalidades, religiones, colores de piel y de ambos sexos —en el transcurso de luchas junto a millones de otros trabajadores— puede desarrollar la experiencia, la confianza política y la capacidad combativa para trazar un curso revolucionario. Un curso que pueda quitar el poder estatal de manos de la clase propietaria dominante y forjar instituciones gobernantes creadas por la clase trabajadora. Solo entonces será posible tener una sociedad digna para la gran mayoría, libre de la explotación y opresión de clase.

Es lo opuesto de todo lo que nos enseñan —y de lo que no nos enseñan— ya sea en la escuela o en la fábrica, la prisión o el lugar de culto.

Para los dueños del capital, esto representa un conocimiento peligroso.

Para la clase trabajadora, a quien le pertenece este conocimiento peligroso, le abre una ventana al camino hacia un mundo mejor y diferente.

~

El trabajo, la naturaleza y la evolución de la humanidad recoge varios escritos de dirigentes revolucionarios de la clase trabajadora desde mediados del siglo XIX hasta la actualidad.

El libro incluye "El papel del trabajo en el tránsito del simio al hombre" de Federico Engels, quien junto a Carlos Marx constituyó la dirección fundadora del movimiento obrero moderno. El escrito inconcluso de Engels se basó en los descubrimientos trascendentales de Charles Darwin y otros pioneros del siglo XIX en lo que era entonces la incipiente ciencia de la biología evolutiva. Este artículo, publicado inicialmente en alemán en 1896, un año después de la muerte de Engels, no salió en una traducción al inglés hasta 1934.

En esta obra Engels explica el papel del trabajo, "la condición básica de toda la existencia humana", en la transformación de la naturaleza y de nosotros mismos, que crea las condiciones de las cuales nace la sociedad humana. Explica la importancia primordial de la evolución de la mano humana con su pulgar oponible y la consiguiente facultad para fabricar y usar herramientas. A partir de ese comienzo evolucionó el habla, el creciente cerebro humano y otros rasgos que nos distinguen del resto del mundo animal.

Sin embargo, Engels se enfoca ante todo en la historia de las *relaciones sociales* humanas, las relaciones desarrolladas a lo largo de milenios a medida que se ampliaron nuestras capacidades productivas. "Los animales solo *utilizan* su entorno", escribe Engels. "El hombre, al cambiar su entorno, lo pone al servicio de sus propios fines, lo *domina*", y transmite los conocimientos y nuevas habilidades de generación en generación. "Esa es la diferencia esencial y definitiva entre el hombre y otros animales. Y nuevamente, es el trabajo lo que produce esta diferencia".

Al explicar esta interrelación entre el trabajo social y la naturaleza, Engels se basó en los fundamentos materialistas establecidos por Marx. El capitalismo aumenta la producción solo "socavando al mismo tiempo las fuentes originales de toda la riqueza: la tierra y el trabajador", *la naturaleza y el trabajo*, según escribió Marx en *El capital*. Partiendo de los elementos más sencillos del capitalismo —la mercancía individual y el trabajo asalariado, que estaban conduciendo hacia el sistema fabril moderno de producción y comercio— Marx demostró por qué solo la conquista del poder por la clase trabajadora puede preservar no solamente la vida y el bienestar físico sino una tierra, cielos y aguas que sean compatibles con el desarrollo humano.

En el mismo sentido, Engels explica en el artículo incluido aquí: "No nos halaguemos demasiado, sin embargo, por nuestros triunfos humanos sobre la naturaleza. Por cada una de estas victorias, la naturaleza toma su venganza. Es cierto que los primeros resultados de estas victorias son los que previmos, pero en segundo y tercer lugar aparecen consecuencias muy distintas e imprevistas que a menudo anulan las primeras". Y que siempre las matizan.

Engels señaló el ejemplo de la exploración marítima y conquista colonial europea, una de las primeras fuentes de la acumulación de capitales. Cuando Cristóbal Colón desembarcó en América, escribió Engels, "no sabía que así le estaba dando nueva vida a la esclavitud —desaparecida desde hacía mucho tiempo en Europa— y sentando las bases de la trata de esclavos negros". Tampoco les importó a los hacendados españoles en Cuba que la deforestación causada por sus métodos de tala y quema, destinados a sacar rápidas ganancias de los cafetos, eliminarían la capa superior del suelo durante muchas generaciones.

"Vamos aprendiendo poco a poco a esclarecer las consecuencias sociales indirectas, más distantes, de nuestra actividad productiva", escribió Engels, "lo que nos permite también controlar y regular esas consecuencias. Sin embargo, para lograr ese control hace falta algo más que un simple conocimiento. Hace falta una revolución completa en el modo de producción existente así como en el orden social vigente".

Engels, al igual que Marx y otros dirigentes obreros citados en estas páginas, no celebraba el conocimiento por sí mismo. Ellos eran estudiosos de la ciencia y la historia ante todo porque esos conocimientos eran necesarios para organizar a la clase trabajadora y sus aliados y ayudarlos a encontrar el camino a la emancipación.

~

Los artículos de George Novack, dirigente del Partido Socialista de los Trabajadores en Estados Unidos durante décadas, fueron tomados de *The Long View of History* (La visión larga de la historia). Ese librito, publicado originalmente en 1960 por el predecesor de la editorial Pathfinder, se ha mantenido impreso desde entonces, y ha servido para educar a varias generaciones políticas de jóvenes de disposición revolucionaria sobre los fundamentos del socialismo científico. Yo me cuento entre ellos.

"Cómo ascendió la humanidad hasta la civilización" y "El curso fundamental de la historia norteamericana" empezaron en 1955 como clases impartidas por Novack a miembros y reclutas jóvenes del Partido Socialista de los Trabajadores en una escuela-campamento de verano organizada por la rama del partido en Los Ángeles. Eran tiempos de un creciente despertar político. Igual que hoy, los jóvenes atraídos al movimiento comunista no conocían nada sobre los fundamentos científicos del marxismo.

El librito de Novack, según lo explicó en su prólogo a la primera edición, se dirigía a "mentes recién despertadas" y ofrecía "una presentación popularizada del curso principal de la evolución desde el pez hasta el ser humano" y desde el origen de la sociedad humana "hasta el capitalismo contemporáneo en Estados Unidos". Esta exposición, insistió, es "un esbozo muy simplificado de la inmensa y compleja gama" de ese proceso. Algunas fechas y otros hechos en la prehistoria de la humanidad que mencionan Novack y Engels han sido modificados por otros descubrimientos científicos a través de las décadas. No obstante, los hallazgos más recientes solo han confirmado el curso fundamental del desarrollo social de la humanidad que presentan los autores.

Las clases de 1955, explica Novack, iban "dirigidas contra dos conceptos imperantes" que se usan para defender "la santidad del sistema existente". Uno es el concepto de que "es imposible, indeseable o de alguna manera anticientífico buscar el curso principal del desarrollo de la historia, sobre todo de la historia de la sociedad; enlazar sus etapas sucesivas y colocarlas en una secuencia correcta; distinguir la forma inferior de la superior e indicar el carácter de los próximos pasos".

El segundo prejuicio, dijo Novack, es la suposición de que el régimen capitalista en Estados Unidos "encarna el modo de vida más alto posible y una forma insuperable de organización social". Ambas afirmaciones son "erróneas en lo teórico y completamente reaccionarias por sus consecuencias prácticas", dijo. Frente a estas, Novack se propuso explicar por qué las aspiraciones entre el pueblo trabajador "de una mejor forma de vida son razonables y realistas. Concuerdan con premisas científicas bien fundadas".

Las próximas páginas contienen ilustraciones y fotos que ayudan a los lectores a seguir lo que Novack llama "el curso fundamental del progreso humano" que se presenta en *El trabajo, la naturaleza y la evolución de la humanidad.* En las páginas de las dos clases de 1955 hemos intercalado recuadros complementarios con breves fragmentos de escritos históricos y políticos de Marx, Engels y Novack, como también de los dirigentes obreros revolucionarios Farrell Dobbs, Evelyn Reed, León Trotsky, Armando Hart y Jack Barnes.

También es importante tomar en cuenta la época durante la cual Novack impartió las charlas. En septiembre de 1955, hacía apenas 10 años que había finalizado la matanza interimperialista más enorme de la historia. El recuerdo de los conflictos entrelazados de clases y nacionales que constituyeron lo que se llama la Segunda Guerra Mundial —así como las consecuencias que aún se desenvuelven— pesaba mucho en toda la política, tanto en Norteamérica como a nivel mundial.

En Estados Unidos, faltaban apenas unos meses para el boicot de autobuses en Montgomery, Alabama, que comenzó en diciembre de 1955 y duró más de un año. Sería la primera gran batalla del masivo y poderoso movimiento, con dirección proletaria, de los africano-americanos que derrocó el sistema de segregación racial en el Sur, un sistema parecido al apartheid. Ese movimiento histórico cambió para siempre las posibilidades en Estados Unidos de forjar una dirección obrera amplia y unida y desarrollar la solidaridad.

La fusión de las dos federaciones sindicales nacionales más grandes y fuertes —la Federación Americana del Trabajo (AFL) y el Congreso de Organizaciones Industriales (CIO)— ocurrida en 1955, estaba siendo aclamada por muchos entre la clase trabajadora y el movimiento obrero como un tremendo avance. En realidad, pronto demostró ser otra manifestación del repliegue, a lo largo de décadas, de los maldirigentes del movimiento obrero y su complaciente subordinación de los sindicatos a las aspiraciones electorales del Partido Demócrata y al sistema bipartidista de los patrones.

En el escenario mundial, las trascendentales batallas anticoloniales por la independencia en India, Indonesia y China, aceleradas por la Segunda Guerra Mundial, habían triunfado. Apenas dos años antes, el pueblo coreano y sus aliados chinos habían combatido hasta llegar a un punto muerto en la guerra dirigida por Washington que pretendía derrotar la independencia y unificación de Corea. Esa guerra terminó con la partición norte-sur de la nación y una tregua frágil; hasta el día de hoy, tropas y armamentos norteamericanos permanecen en suelo soberano coreano. Los colonizadores franceses habían sido expulsados de Vietnam en 1954, solo para ser reemplazados por el imperialismo estadounidense y sus regímenes títeres en la región sur del país.

El Canal de Suez en Egipto aún seguía firmemente bajo el control de los imperialistas británicos y franceses. Y Washington y Londres habían orquestado un golpe de estado en Irán en 1953 que derrocó al efímero gobierno de Mohammad Mossadegh, electo por voto popular, y habían reimpuesto a la monarquía persa proimperialista.

Faltaba casi media década para el triunfo de la Revolución Cubana, la primera y hasta ahora única revolución socialista en América. Y con ella, el comienzo de la renovación del liderazgo comunista a nivel internacional.

Aún no se había extendido la ola de luchas anticoloniales por toda África y el Caribe, luchas que sacaron fuerza del movimiento por los derechos de los negros en Estados Unidos y que, a la vez, dieron más ímpetu a esa lucha.

En febrero de 1956, el primer ministro Nikita Jrushchov dio el discurso, en una sesión a puerta cerrada del XX Congreso del Partido Comunista de la Unión Soviética, en que reconoció la magnitud de los crímenes cometidos por la casta burocrática dirigida por Stalin, que hasta entonces habían sido rotundamente negados. Unos meses más tarde, los levantamientos populares de trabajadores y jóvenes contra la política opresiva de los regímenes estalinistas en Hungría y Polonia aceleraron aún más la desintegración y las contradicciones del estalinismo mundial, con amplias repercusiones internacionales.

Si el lector considera siquiera algunos de estos sucesos históricos que incidieron en la lucha de clases en Estados Unidos y el mundo poco antes o después de que Novack diera estas clases, podrá comprender mejor la envergadura de la historia natural y humana que él estaba describiendo.

~

Tener esta comprensión de la historia es importante frente a la actual propagación de la "cultura de la cancelación" (*cancel culture*) entre capas privilegiadas de clase media en las universidades, fundaciones, medios de comunicación y círculos gubernamentales, así como la política "*woke*" —profundamente antiobrera y anti-ciencia— que ellos promueven. Se ha vuelto habitual el uso reaccionario de las "redes sociales" como arma para tratar de silenciar y destrozar la vida y el sustento de cualquiera que exprese discrepancias con las ideas promovidas por estas capas acomodadas.

Las escuelas y universidades se han convertido en semilleros de la censura donde a los jóvenes supuestamente hay que garantizarles "espacios seguros" y "protegerlos" de palabras, ideas, hechos u obras de arte que los sabios estiman literalmente "hirientes" u "ofensivos" para la juventud. A los estudiantes no se los desafía a ampliar sus horizontes históricos y culturales: a siempre "ensanchar su visión", tal como Malcolm X les instaba a los trabajadores y jóvenes. Al contrario, se les enseña que las grandes obras de arte y literatura y conquistas científicas de las generaciones pasadas —de las cuales aprendemos y en las cuales hoy día nos basamos al tiempo que las transformamos— son irrelevantes en el mejor de los casos, o hasta son productos de la "supremacía blanca", la "toxicidad masculina", la "transfobia" y la "misoginia".

Obras clásicas de la literatura —desde Homero hasta *Huckleberry Finn* de Mark Twain, desde Shakespeare hasta *Orgullo y prejuicio* de Jane Austen, *Matar a un ruiseñor* de Harper Lee y tantas otras— han sido tildadas de "racistas" y a veces retiradas de las aulas y hasta de las bibliotecas de escuelas secundarias. La históricamente negra universidad Howard ha disuelto su departamento de estudios clásicos para "dar prioridad" a otras materias. La universidad Brandeis ha publicado una "Lista de lenguaje opresivo", que incluye las palabras "él/ella" porque "agrupan a toda la gente bajo un lenguaje masculino o un binarismo de género" de femenino o masculino. La lista incluye la palabra "picnic" porque algunos individuos podrían asociar la palabra con fotos de multitudes en actos de linchamiento de africano-americanos durante la época *Jim Crow* y por tanto podrían verse "heridos".

Figuras públicas como J.K. Rowling —autora de los muy leídos libros de Harry Potter— que defienden públicamente las conquistas de la lucha por la liberación de la mujer y expresan la verdad científica de que existen dos sexos con rasgos biológicos distintos se convierten en blancos de ataque por parte de turbas de las redes sociales por ser "transfóbicos". A estos autores les cancelan contratos de publicación e invitaciones a dar conferencias, y les retiran sus obras de algunas bibliotecas y librerías.

Charles Darwin, el pionero de la biología evolutiva y uno de los más destacados científicos del siglo XIX, se suma ahora a la larga lista de blancos de ataque.

El año 2021 fue el 150 aniversario de la publicación de la trascendental obra de Darwin, *El origen del hombre: La selección natural y la sexual*. El libro fue considerado escandaloso en su momento. Darwin fue objeto de una campaña de "cancelación" del sigo XIX (insignificante en comparación con las actuales normas de las redes sociales) porque él aplicó al origen de los seres humanos los conocimientos de la biología evolutiva que él había desarrollado en su obra *El Origen de las especies* más de una década antes.

Darwin refutó los conceptos de muchos científicos prominentes de esa época, como los de Louis Agassiz, profesor de la universidad Harvard y favorito de la esclavocracia del Sur, quien argumentaba que existen ocho especies humanas, cada una con su propia creación divina. El trabajo de Darwin estableció de manera efectiva que los seres humanos no son producto de una creación divina o especial sino que evolucionaron por una selección natural desde un solo origen común entre los primates hace millones de años. Demostró que *todos* los seres humanos forman parte de una *sola* especie y que las diferencias entre los humanos y otros animales, es-

Darwin y la evolución han sido atacados por fuerzas reaccionarias y oscurantistas desde mediados del siglo XIX. Hoy los que encabezan el ataque son individuos e instituciones que se ostentan como "progresistas".

Derecha: Cuando Darwin publicó *El origen del hombre* en 1871, una década después de su obra pionera *El origen de las especies*, fue ridiculizado por la revista londinense *Hornet*. "Un venerable orangután, una contribución a la historia innatural", decía el comentario al pie de la caricatura.

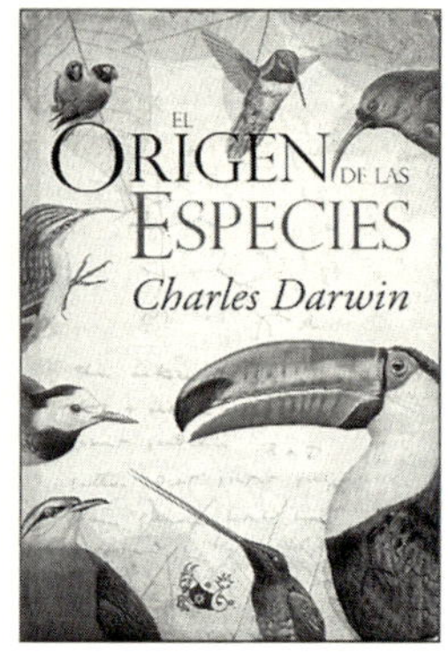

The Topeka Daily Capital

VOLUME XLIX—NO. 155. TOPEKA, KANSAS, WEDNESDAY, JULY 22, 1925. FOURTEEN PAGES

'APE WAR' TO HIGH COURT

JURY CONVICTS YOUNG TEACHER IN TEN MINUTES

BRYAN EXAMINES CHICAGO LAWYER ON HIS BELIEFS

Says $100 Fine Is Unjust

ANTI-EVOLUTION CRUSADE SHIFTS TO CALIFORNIA

EDITORIAL

Science

"The Descent of Man," 150 years on

In 1871, Charles Darwin tackled "the highest and most interesting problem for the naturalist...the descent of

getic, inventive, and intelligent, invoking natural and sexual selection as justification, despite the lack of

Arriba: El "Juicio del mono" en 1925 ocupó los titulares de la prensa en Estados Unidos cuando una corte condenó al maestro de secundaria John T. Scopes bajo una ley de Tennessee que prohibía enseñar sobre la evolución.

Abajo: : La actual embestida "progresista" se ve en un editorial publicado en la revista de la Asociación para el Avance de la Ciencia en mayo de 2021: **"Darwin ofrece una visión racista y sexista de la humanidad" y una "justificación al imperio, al colonialismo y al genocidio".**

pecialmente los primates superiores, son diferencias "de grado y no de tipo".

Darwin y la ciencia de la biología evolutiva que él fundó han sido atacados por fuerzas reaccionarias y oscurantistas en el mundo capitalista por más de 160 años. Un ejemplo connotado fue el "Juicio del Mono" en 1925, cuando John T. Scopes, maestro de secundaria en Dayton, Tennessee, quien enseñaba a sus alumnos los descubrimientos de Darwin sobre la evolución, fue declarado culpable de violar una ley estatal que prohibía la enseñanza de "cualquier teoría que niega la historia de la Divina Creación del hombre según la enseña la Biblia". Esta ley se mantuvo vigente hasta 1967, cuando fue eliminada como producto de la creciente oleada del movimiento, dirigido por los negros, por los derechos democráticos y constitucionales.

No es sorprendente, pues, que en el 150 aniversario de *El origen del hombre*, las bases sentadas por Darwin estén nuevamente en la mira. Pero esta vez los que encabezan el ataque son individuos e instituciones que se ostentan como "progresistas".

A pesar de su nombre, la revista *Science*, publicación oficial de la Asociación para el Avance de la Ciencia, se ha sumado al ataque de *race-baiting* en que tildan de racistas a personajes históricos en diferentes esferas. En un editorial publicado en el número del 21 de mayo de 2021 de esa revista, el antropólogo Agustín Fuentes de la universidad Princeton alega que "Darwin pensaba que, al describir los resultados de la evolución humana, él se basaba en datos, la objetividad y el pensamiento científico. Pero en buena parte del libro no fue así. 'El origen del hombre', como tantos tomos científicos en los tiempos de Darwin, ofrece una visión racista y sexista de la humanidad".

Por otra parte, Fuentes sentencia que *El Origen del hombre* brinda una "justificación al imperio, al colonialismo, y al genocidio, mediante la 'supervivencia del más apto'". Esto a Fuentes le resulta "desconcertante dada la posición firme de Darwin en contra de la esclavitud" y la insistencia de Darwin de que todas "las razas humanas divergieron en una época sumamente remota de un progenitor común". Sin embargo, Darwin fue un "*hombre inglés*" (énfasis añadido), dice Fuentes, "con prejuicios nocivos e infundados que deformaron su observación de los datos y la experiencia," y hoy día a los estudiantes hay que enseñarles eso.

Un grupo de biólogos evolucionistas le replicó a Fuentes en una declaración que los directores de *Science* publicaron solo por Internet:

> Lo que Darwin escribió fue por supuesto marcado por las realidades y perspectivas victorianas sobre el sexo y las diferencias raciales, algunas todavía existentes hoy, pero esto no es una nueva revelación. En vez de señalar estas influencias calmadamente, Fuentes pone a Darwin en el banquillo una y otra vez por las normas sexistas y racistas victorianas en el marco de las cuales él presentó su tesis explosiva de que la humanidad evolucionó. Fuentes sugiere incorrectamente que Darwin justificó el genocidio. Darwin en muchos casos fue notablemente más moderno en su pensamiento que la mayoría de los victorianos. En "El origen del hombre" demolió el concepto —con que se justificaba la esclavitud— de que distintas razas eran distintas especies, y así inspiró las perspectivas antirracistas de antropólogos posteriores…
>
> Los estudiantes a quienes se les enseña el contexto histórico de los escritos de Darwin deben apreciar lo revolucionario que fueron las ideas de Darwin, las cuales desafiaron muchas (pero no todas) de las perspectivas victorianas imperantes. Lamentamos la incapacidad de celebrar el enorme impacto de esas ideas por el enfoque tergiversado que ofrece Fuentes.

Resulta útil que los lectores de *El trabajo, la naturaleza y la evolución de la humanidad* tengan en cuenta esta perspectiva histórica. Marx, Engels y Novack, al igual que sus contemporáneos, usan los términos "salvajismo", "barbarie" y "civilización" cuando escriben sobre las tres principales etapas de la evolución social de los humanos. Son los términos que emplearon los antropólogos en el siglo XIX y la mayor parte del siglo XX para denotar las sociedades humanas más tempranas que dependían de la caza y la recolección (salvajismo), las sociedades agrícolas pre-clase (barbarie) y las sociedades divididas en clases (civilización). Las primeras sociedades de clase, ya sea en Mesopotamia o Egipto, Grecia o Roma, o en la mayor parte de Asia, comenzaron con la esclavitud —que llegó a ser el modo de producción predominante— junto con los inicios de la escritura, las grandes concentraciones urbanas y el comercio en gran escala.

Las victoriosas luchas de liberación nacional de los pueblos coloniales durante los últimos 75 años, incluidas las luchas de las nacionalidades oprimidas en Estados Unidos y otros países imperialistas, han impactado profundamente la conciencia y las acciones del pueblo trabajador por todo el mundo. La terminología que usaron los fundadores de la antropología —producto de su tiempo, no del nuestro— ha sido superada por otros términos científicos. Pero el negarse a leer, estudiar y desarrollar los aportes a la ciencia y la cultura que hicieron generaciones anteriores, por el hecho de que esos portadores del progreso humano reflejaban en una parte de su lenguaje las relaciones sociales de las sociedades en las que vivían, es un enfoque intelectualmente cerrado, ahistórico y reaccionario.

"Es muy fácil arremeter contra la esclavitud y cosas semejantes en términos generales, y desatar una gran indignación moral ante esas infamias", escribió Engels en

1877 en una polémica contra Eugen Dühring, un pretencioso académico alemán que tenía cierta influencia entre las corrientes socialistas de esa época. En lo que llegó a ser un clásico del movimiento obrero, un libro titulado *Anti-Dühring*, Engels agregó: "Lamentablemente, esto solo expresa lo que todo el mundo ya sabe, es decir, que estas instituciones de la antigüedad ya no corresponden a nuestras actuales condiciones y a nuestros sentimientos, los cuales están determinados por estas condiciones. Pero eso no nos dice ni una palabra de cómo surgieron estas instituciones, por qué existieron y qué papel ocuparon en la historia".

Al despreciar la civilización griega "porque se basaba en la esclavitud", señaló Engels, Dühring "podría reprochar con la misma justicia a los griegos por no haber tenido máquinas de vapor ni telégrafos eléctricos. Y cuando afirma que nuestra servidumbre asalariada moderna solo puede explicarse como un legado transformado y atenuado de la esclavitud y no por su propio carácter (es decir, por las leyes económicas de la sociedad moderna)... con la misma justicia podríamos decir que el trabajo asalariado solo puede explicarse como una forma atenuada del canibalismo, el cual, según ha quedado claramente demostrado, era la forma primitiva universal en que se utilizaban a los enemigos derrotados".

~

En "El curso fundamental de la historia norteamericana", George Novack plantea dos interrogantes: "¿Cuál ha sido el curso principal del crecimiento de Estados Unidos desde 1492?" y "¿Cuál es la peculiaridad más notable de la historia de Estados Unidos desde la llegada de los europeos?"

A pesar de algunos desvíos a lo largo de cinco siglos de historia, responde Novack, "el curso principal de la historia de Estados Unidos ha sido la construcción y consolidación de la civilización capitalista... Todos los aspectos de nuestra historia nacional necesitan ser asociados y vinculados al proceso de establecer el modo de vida capitalista en su forma más pronunciada y hoy día más nociva".

En cuanto a la principal peculiaridad, Novack dice que "el crecimiento y la construcción de la sociedad norteamericana ocurrieron completamente dentro de la época de la expansión global del capitalismo", que no es el caso de Europa, Asia o América Latina. Todas esas sociedades atravesaron períodos prolongados de relaciones feudales que han dejado su huella hasta el día de hoy.

"Basta recordar cómo el general norteamericano Douglas MacArthur preservó esa reliquia feudal, el emperador de Japón, tras la Segunda Guerra Mundial. O podemos señalar ese deleite del suplemento dominical del periódico, la monarquía inglesa".

~

La tercera sección principal de esta colección, "La época de la burguesía y la creación de sus sepultureros", fue tomada del Manifiesto Comunista, publicado en 1848 al estallar la primera gran ola de batallas obreras por toda Europa. Empezando con las palabras, "*La historia de toda la sociedad hasta nuestros días es la historia de la lucha de clases*", ofrece una explicación de las raíces de la explotación y opresión en el actual mundo capitalista y, ante todo, un camino hacia la emancipación dirigido por y para los explotados y oprimidos.

En este sentido, el Manifiesto, programa de fundación del movimiento comunista obrero moderno, es todo lo opuesto de los conceptos promovidos hoy por capas privilegiadas de la meritocracia bajo el estandarte de la "Teoría Crítica de la Raza", un estandarte rechazado ampliamente por trabajadores de todos los colores de la piel. Una de las expresiones más difundidas de la "Teoría Crítica de la Raza" es el Proyecto 1619, auspiciado por el *New York Times*, en que Nikole Hannah-Jones, su principal organizadora, argumenta que el "racismo antinegro corre en el propio ADN de este país".

La historia de Estados Unidos, según Hannah-Jones, comenzó cuando el primer barco cargado de esclavos de África desembarcó por accidente en las costas de la colonia británica de Virginia en 1619. Ella escribe que "la creencia de que los negros no simplemente fueron esclavizados sino que eran una raza esclava [o sea, una especie diferente] se convirtió en la raíz del racismo endémico que aún no podemos depurar de esta nación hasta el día de hoy". El carácter extremo de la violencia contra los negros estadounidenses durante la época de Jim Crow "fue síntoma del mecanismo psicológico necesario para absolver a los americanos blancos del pecado original de su país".

Hannah-Jones se suma al coro de los que argumentan que la fuerza motriz de toda la historia del "Mundo Occidental", incluido Estados Unidos hasta el presente, ha sido el dominio de personas de piel blanca que actúan creyendo que son una "raza" superior con derecho a privilegios y al poder (la "supremacía blanca", según las palabras de muchos autoproclamados "guerreros por la justicia social").

Al mismo tiempo, el ensayo de Hannah-Jones, escrito en 2019, es prácticamente un himno patriótico a la democracia burguesa norteamericana. Los americanos negros, dice Jones, han sido "fundacionales para la idea de la libertad americana" y "para la construcción de la nación más rica y poderosa del mundo". Ella agrega: "Somos nosotros quienes hemos sido los perfeccionadores de esta democracia".

El Proyecto 1619 tiene un nombre apropiado. No comenzó como historia. Comenzó como una ofensiva para impulsar una trayectoria *política*. Ahora dice basarse en la historia. Y resulta, además, que impulsa las aspiraciones profesionales de sus promotores. Pero esta revisión de la historia es *falsa*, tanto por sus métodos como por su contenido. Es también un ataque frontal contra el materialismo histórico. Contra el marxismo.

No son actitudes racistas, ni "mecanismos psicológicos", ni ideas —*de hecho, no se trata de ideas de ningún tipo*— las que impulsan las relaciones sociales humanas. Son nuestras condiciones materiales de vida las que dan forma a nuestras ideas.

Carlos Marx subrayó esta verdad en su epílogo a la segunda edición de *El capital* publicada en 1873, donde explicó cómo llegó a las conclusiones materialistas que desarrolló en ese libro y en toda la obra de su vida. Marx se "declaró abiertamente" un "discípulo de aquel gran pensador", Georg W.F. Hegel, cuyos escritos sobre historia, derecho, religión, lógica, el estado y mucho más fueron muy influyentes en la Alemania del siglo XIX. Al mismo tiempo, Marx subrayó, "Mi método dialéctico, en su base, no solo difiere del método de Hegel sino que es exactamente lo opuesto".

Para Hegel "el proceso de pensar" —"*la Idea*", según la denominó Hegel— "es el creador del mundo real, y el mundo real no es más que la manifestación externa de la idea... La mistificación que sufre la dialéctica en manos de Hegel", dijo Marx, "aún estaba de moda" a mediados del siglo XIX, tanto entre voces de la monarquía prusiana y su base de señores semifeudales, como entre los adversarios burgueses más radicales del trono y los autoproclamados "librepensadores", apodados los "jóvenes hegelianos".

Dialéctica materialista, evolución y revolución

La dialéctica no es otra cosa que la ciencia de las leyes generales del movimiento y desarrollo de la naturaleza, de la sociedad humana y del pensamiento.

FEDERICO ENGELS
La dialéctica de la naturaleza, 1877

El pensamiento vulgar opera con conceptos como capitalismo, moral, libertad, estado obrero, etcétera, como abstracciones fijas, presuponiendo que capitalismo es igual a capitalismo, moral igual a moral, etcétera. El pensamiento dialéctico analiza todas las cosas y fenómenos desde su cambio continuo... La relación entre el pensamiento dialéctico y el pensamiento vulgar es semejante a la relación entre una película y una fotografía...

Llamamos materialista a nuestra dialéctica porque sus raíces no están ni en el cielo ni en las profundidades de nuestro "libre albedrío", sino en la realidad objetiva, en la naturaleza. La conciencia surgió del inconsciente, la sicología de la fisiología, el mundo orgánico del inorgánico, el sistema solar de las nebulosas...

El darwinismo, que explicó la evolución de las especies mediante transformaciones cuantitativas que llegan a ser cualitativas, fue el mayor triunfo de la dialéctica en todo el campo de la materia orgánica...

Marx, quien a diferencia de Darwin era un dialéctico consciente, descubrió una base para la clasificación científica de las sociedades humanas en el desarrollo de sus fuerzas productivas y en la estructura de las relaciones de propiedad, que constituyen la anatomía de la sociedad...

El entrenamiento dialéctico de la mente —tan necesario para un luchador revolucionario como los ejercicios de los dedos para un pianista— exige que todos los problemas sean tratados como *procesos* y no como *categorías fijas.*

LEÓN TROTSKY
En defensa del marxismo, 1939

Para los que apoyaban el reaccionario orden establecido de Alemania (hacia quienes Hegel parecía "estar más inclinado", escribió Engels más tarde), "la forma mistificada" de la dialéctica, que ponía énfasis en un iluso dominio preeminente de las ideas, "parecía transfigurar y glorificar lo existente": es decir, el estado prusiano y las relaciones sociales preindustriales que ese estado defendía.

Con Hegel, escribió Marx en su epílogo a *El capital* en 1873, la dinámica de la historia "está puesta cabeza abajo. Hay que invertirla y ponerla de pie, para descubrir el grano racional que se oculta dentro de la cáscara mística". Una vez se le quita la cascarilla, una verdadera "comprensión de lo existente" revela un "reconocimiento de su negación, de su necesaria destrucción; porque concibe toda forma históricamente desarrollada en un estado fluido, un estado de movimiento... No se deja impresionar por nada, porque es esencialmente crítica y revolucionaria".

"Lo ideal", escribió Marx, "no es sino el mundo material reflejado en la mente humana y traducido a las formas de pensamiento."

A fines de la década de 1830 y principios de la de 1840, durante un período breve pero esencial, los jóvenes Marx y Engels se habían considerado integrantes de esta corriente de "hegelianos de izquierda". Pero pronto rompieron políticamente con ella, en camino a ser reclutados al movimiento obrero por trabajadores comunistas que habían llegado a conocer y respetar en Alemania, Francia, Inglaterra y Bélgica.

Engels recordaría más tarde que durante su período de "tormenta y tensión", Marx y él habían colaborado para preparar un libro que explicara su ruptura con el hegelianismo, pero que habían abandonado el proyecto "muy de buen grado pues ya habíamos logrado nuestro principal objetivo: ¡clarificar nuestras propias ideas! Al comentar sobre el libro inconcluso, que se publicó bajo el titulo *La ideología alemana* décadas después de que él y Marx fallecieran, Engels escribió que era "una exposición de la concepción materialista de la historia que solo demuestra cuán incompleto era todavía nuestro conocimiento de la historia económica en ese entonces".

Durante esos años, los escritos del filósofo Ludwig Feuerbach influyeron brevemente en Marx y Engels, siendo "un eslabón intermedio entre la filosofía hegeliana" y el comunismo proletario. Feuerbach, quien también era uno de los antiguos jóvenes hegelianos, abordó la ruptura desde la óptica de un rechazo materialista de la religión. "Todos fuimos feuerbachianos por un momento", escribió Engels en su obra *Ludwig Feuerbach y el fin de la filosofía clásica alemana*, escrita en 1886. Pero era un callejón sin salida.

Para Marx y Engels, las ideas de Feuerbach pronto chocaron con la actividad política obrera revolucionaria en la que más y más estaban participando. La perspectiva del filósofo, escribió Engels, estaba ayudando a engendrar corrientes socialistas pequeñoburguesas que ponían "frases literarias en lugar del conocimiento científico" y "la liberación de la humanidad mediante el 'amor' en lugar de la emancipación del proletariado mediante la transformación económica de la producción".

Con la "disolución de la escuela hegeliana", escribió Engels, la única corriente que "ha dado verdaderos frutos [está] asociada al nombre de Marx". Ese movimiento, dijo Engels, "pone fin a la filosofía en el ámbito de la historia". Más bien reconoce que "en la historia moderna, al menos... todas las luchas políticas son luchas de clases, y todas las luchas de las clases por la emancipación, pese a su inevitable forma política —pues toda lucha de clases es una lucha política— giran, en última instancia, en torno a la cuestión de la emancipación *económica*".

No obstante, según nos han enseñado las experiencias de los trabajadores a lo largo de un siglo y medio, esta emancipación solo se puede conquistar utilizando un instrumento *político*, la dictadura del proletariado. En su prefacio a la edición de 1872 del Manifiesto Comunista, Marx y Engels señalaron las lecciones que había brindado un año atrás la Comuna de París, la cual, escribieron, "elevó por primera vez al proletariado al poder político durante dos meses enteros".

Esa lucha heroica y su derrota sangrienta a manos de los gobernantes capitalistas franceses demostraron que el Manifiesto "en ciertos detalles ya está anticuado", escribieron Marx y Engels. "La Comuna ha comprobado, sobre todo, que 'la clase trabajadora no puede limitarse simplemente a tomar control de la maquinaria del estado tal como está y servirse de ella para sus propios fines'". Es necesario llevar al poder un *nuevo estado*, guiado por una dirección revolucionaria de millones de trabajadores y sus aliados explotados.

Esa lección fue confirmada en la práctica por el mejor estudiante de Marx y Engels: V.I. Lenin, quien en octubre de 1917 dirigió al Partido Bolchevique a llevar al poder a los trabajadores, aliados al campesinado del derrocado imperio zarista de Rusia.

Y nuevamente en los años 50 y 60, cuando Fidel Castro y el Ejército Rebelde movilizaron a las masas cubanas para llevar al poder un estado obrero a solo 90 millas de la potencia imperialista más potente y brutal del mundo. Era el estado, el gobierno revolucionario, no de un determinado movimiento u organización, según lo expresara Fidel en un discurso en marzo de 1964, sino de los millones que llevan "camisas de trabajadores y de campesinos y de hombres humildes del pueblo".

~

La falla del Proyecto 1619 no es simplemente su base antimaterialista, ni siquiera que lo que presenta como hechos históricos en muchos casos es falso. El pueblo trabajador y nuestros hijos necesitan aprender la historia real y exacta de la lucha de clases en Estados Unidos y a nivel internacional. Los libros de dirigentes revolucionarios publicados y distribuidos por la editorial Pathfinder han estado brindando esta educación por muchas décadas. Pero no existe una "historia africano-americana" por sí misma. O una "historia de la mujer". O incluso una "historia del movimiento obrero".

La esclavitud con todas sus justificaciones racistas no fue el motor impulsor del desarrollo de Estados Unidos. *Fue el capitalismo.*

Al esclarecer el carácter singular de la esclavitud en Estados Unidos y el Caribe a principios de la década de 1860, Marx explicó que en las plantaciones "donde desde el comienzo figuran las especulaciones comerciales y la producción está destinada al mercado mundial, existe la producción capitalista, aunque solo en un sentido formal, ya que la esclavitud de los negros excluye el libre trabajo asalariado, base de la producción capitalista.

"Pero son *capitalistas* quienes llevan a cabo el comercio en que se utiliza a los esclavos. El modo de producción que ellos introducen no surgió de la esclavitud sino que ha sido injertado en ella".

La institución de la esclavitud en Estados Unidos y en gran parte de América fue una anomalía en el mundo capitalista. Al final se convirtió en un freno para el desarrollo del capitalismo en Estados Unidos a tal punto que tuvo que ser eliminado, aun a costa de una de las guerras más sangrientas en la historia del mundo. "La actual contienda entre el Sur y el Norte... no es más que una contienda entre dos sistemas sociales: el sistema de esclavitud y el sistema del trabajo [asalariado] libre", escribió Marx en octubre de 1861. La guerra había "estallado porque los dos sistemas ya no podían convivir pacíficamente en el continente de Norteamérica. Solo puede terminar con triunfo de un sistema sobre el otro".

Los pueblos de Europa, escribió Marx unos días antes, saben que "en este combate, la máxima expresión de autodeterminación popular lograda hasta la fecha está enfrascada en una batalla contra la más mezquina y desvergonzada forma de esclavitud del hombre en toda la historia". Y a principios de 1862, Marx aclamó "la simpatía natural que las clases populares de todo el mundo deben sentir por el único gobierno popular en el mundo".

Más de un año después del inicio de este "conflicto inevitable", en agosto de 1862, Marx le escribió a Engels que estaba convencido de que cuando el gobierno norte-

La Segunda Revolución Norteamericana no terminó con la victoria de la Unión. Durante la Reconstrucción Radical, trabajadores negros y blancos libraron batallas de clases, muchas dirigidas por esclavos emancipados.

BIBLIOTECA DEL CONGRESO

HARPERS WEEKLY

Arriba: El general Ulysses S. Grant (delante del árbol) y su estado mayor en el cuartel general de la Unión, Virginia, verano 1864. En marzo Lincoln había nombrado a Grant general en jefe, con la orden de aplastar las tropas de Robert E. Lee en la cuna de la Confederación. En abril 1865 la rebelión esclavista fue derrotada.

Abajo: Mitin electoral en el Sur, 1868. Durante la Reconstrucción Radical, gobiernos populares prohibieron la discriminación racial; establecieron escuelas públicas y el voto universal para hombres; ampliaron los derechos de la mujer y el acceso a la salud.

americano y el Ejército de la Unión finalmente "libren la guerra en serio" y "recurran a métodos revolucionarios" la Confederación sería derrotada rotundamente. Eso fue, en efecto, lo que la administración de Abraham Lincoln hizo en los tres años siguientes, vacilando al principio, pero cada vez con mayor ahínco frente a las necesidades militares y políticas.

La Guerra Civil se había convertido en una guerra revolucionaria.

El gobierno de Estados Unidos emancipó a los esclavos en toda la Confederación en 1863, y durante las elecciones presidenciales de 1864, Lincoln rechazó los crecientes reclamos de voces burguesas en los estados fronterizos y otras partes del Norte que insistían en hacer un trueque desleal: anular la emancipación a cambio de que los esclavistas aceptaran una paz inmediata.

Más bien, Lincoln nombró a Ulysses S. Grant como general en jefe del Ejército de la Unión, y le encomendó a Grant la tarea de dirigir al Ejército del Potomac para *aplastar* al Ejército de Virginia del Norte del general Robert E. Lee en la cuna de la rebelión esclavista, cuya capital era Richmond. Entre el fin del verano de 1864 y la primavera de 1865, el Ejército de la Unión cercó a las tropas de Lee en Virginia y asestó un golpe tras otro contra el ejército de la Confederación en el campo de batalla.

El 9 de abril de 1865, en una casa privada en el poblado de Appomattox, Lee aceptó las condiciones de rendición que Grant rápidamente redactó. Con la derrota de Lee, se derrumbó la resistencia militar en toda la Confederación.

Sin embargo, la Segunda Revolución Norteamericana se extendió mucho más allá del triunfo de la Unión en la guerra. Durante una docena de años después de la caída de la Confederación esclavista, se libraron recias batallas de clases durante la Reconstrucción Radical. "Las masas trabajadoras negras brindaron dirección política en una gran parte del Sur, tanto a los esclavos liberados como a los agricultores y trabajadores explotados que eran blancos", explica Jack Barnes en un fragmento incluido en estas páginas.

"Ya en 1877 la Reconstrucción Radical había terminado en una derrota sangrienta, y no solo los afroamericanos sino toda la clase trabajadora habían sufrido lo que sigue siendo el peor revés en su historia", escribe Farrell Dobbs en otro fragmento. La clase trabajadora en Estados Unidos quedó dividida más profundamente por la opresión nacional de los negros que fue institucionalizada en el Sur sobre nuevas bases tras las sangrientas secuelas de 1877.

El racismo estructural sí existe en la sociedad estadounidense. Pero su actual existencia no puede ser atribuida a la desaparición de una institución económica caduca, la esclavitud, hace más de 150 años, o al hecho de que la Reconstrucción Radical fue aplastada. Ni tampoco puede explicarse por un mítico pecado original —o siquiera un pecado pos-1619— de "blanquitud".

¿Cómo se cuadran estas ideas con el hecho de que en el siglo XXI hay menos racismo entre el pueblo trabajador y una mayor solidaridad obrera —que abarca todos los colores de piel y ambos sexos— que en cualquier momento de la historia de Estados Unidos? Ese progreso es producto ante todo de las poderosas batallas dirigidas por negros que destruyeron la segregación Jim Crow, como también del masivo movimiento social que forjó los sindicatos industriales unas décadas antes.

Es la clase capitalista y sus apologistas quienes tienen un interés en desviarnos de la verdadera causa de las divisiones que debemos superar para que el pueblo trabajador pueda luchar unido y poner fin a la sociedad de clases en la que vivimos.

~

"Así como Darwin descubrió la ley del desarrollo de la naturaleza orgánica, Marx descubrió la ley del desarrollo de la historia humana", dijo Engels en marzo de 1883, en su discurso ante la tumba de Marx, su amigo y compañero de lucha de toda la vida.

Marx explicó que "el grado de desarrollo económico alcanzado por un pueblo o durante una época determinada [es] la base a partir de la cual han evolucionado las instituciones políticas, las concepciones jurídicas, las ideas artísticas y hasta las ideas religiosas de ese pueblo, y a la luz de lo cual estas cosas deben explicarse, y no al revés, como hasta entonces se había hecho".

Después de señalar el aporte irremplazable que hizo Marx a la comprensión de las leyes de la historia humana, Engels concluyó: "Tal fue el hombre de ciencia. Pero esto no fue ni la mitad del hombre".

"Pues Marx fue ante todo un revolucionario", dijo Engels. "La verdadera misión de su vida era contribuir, de una forma u otra, al derrocamiento de la sociedad capitalista y las instituciones estatales creadas por ella. Aportar a la emancipación del proletariado moderno, al cual él había sido el primero en hacer consciente de su propia posición y sus necesidades, consciente de las condiciones de su emancipación.

"La lucha era su elemento. Y luchó con una pasión, una tenacidad y un acierto que pocos han podido igualar".

La conquista revolucionaria del poder estatal por la clase trabajadora —"*consciente de su propia posición y sus necesidades, consciente de las condiciones de su emanci-*

pación"— es lo que abrirá paso a las batallas finales para construir un mundo que no se base en la explotación, la degradación de la naturaleza, la subyugación de la mujer, el racismo y la guerra. Un mundo construido más bien sobre la base de la solidaridad humana. Un mundo socialista.

Eso es lo que nos enseña una visión larga de la historia.

24 de noviembre de 2021

El papel del trabajo en el tránsito del simio al hombre

Federico Engels

El trabajo es la fuente de toda la riqueza, afirman los economistas políticos. Y sí lo es, junto con la naturaleza, la cual brinda los materiales que el trabajo convierte en riqueza. Pero el trabajo es infinitamente más que eso. Es la principal condición básica de toda la existencia humana. Y lo es a tal grado que, en cierto sentido, debemos decir que el trabajo creó al hombre mismo.

Hace muchos cientos de miles de años, durante una época, aún no precisada con certeza pero seguramente hacia fines de lo que los geólogos llaman el Período Terciario del desarrollo de la Tierra, vivía en alguna parte de la zona tropical una raza especialmente desarrollada de simios antropoides, probablemente en un gran continente

---

Este artículo inconcluso, escrito en 1876, se publicó en alemán en 1896, un año después de la muerte de Engels; la primera edición en español salió en 1974. Engels también lo incluyó en La dialéctica de la naturaleza, *publicado por primera vez en 1925.*

hoy hundido en las profundidades del Océano Indico. Charles Darwin nos ha dado una descripción aproximada de estos antepasados nuestros. Eran completamente peludos, tenían barba y orejas puntiagudas, y vivían en manadas en los árboles.

Cuando los simios prescindieron de las manos para caminar y adoptaron una postura más erecta, fue el paso decisivo en el tránsito del simio al hombre.

Primero, estos simios, por su modo de vida —ya que cuando trepaban, sus manos tenían funciones distintas de las de sus pies— se fueron acostumbrando a prescindir de las manos al caminar y empezaron a adoptar una postura más y más erecta. *Este fue el paso decisivo en el tránsito del simio al hombre.*

Todos los simios antropoides que existen hoy día pueden mantenerse erguidos y caminar apoyándose solo en los pies, pero únicamente en caso de extrema necesidad y con suma torpeza. Su manera natural de andar es con la postura semierecta, incluyendo el uso de las manos. La mayoría de estos simios apoyan los nudillos en el suelo y, con las piernas encogidas, balancean el cuerpo hacia adelante entre sus largos brazos, como un cojo que anda con muletas. En general, hoy aún observamos entre los simios todas las formas de la transición entre andar a cuatro patas y caminar de pie. Pero para ellos, el caminar erguido nunca ha sido más que un movimiento improvisado.

Si para nuestros peludos antepasados la postura erecta se convirtió primero en la norma y luego en una necesidad, se presupone que entonces, más y más, las manos tuvieron que ejecutar diversas funciones. Aun entre los simios, existe ya cierta división de funciones entre los pies y las manos. Cuando trepan, como señalamos antes, emplean las manos de manera diferente de los pies. Las manos sirven fundamentalmente para recoger y sostener los alimentos, como hacen algunos mamíferos inferiores con sus patas delanteras.

Algunos simios usan las manos para construir nidos en los árboles, o hasta tejadillos entre las ramas para protegerse de la intemperie, como por ejemplo hace el chimpancé. Las manos les sirven para empuñar palos con que se defienden de sus enemigos, o para arrojarles piedras y frutas. Cuando están en cautiverio, con las manos realizan diversas operaciones sencillas que copian de los humanos.

La mano no es solo el órgano del trabajo. También es producto del trabajo.

Pero es precisamente aquí donde se ve el abismo que separa la mano primitiva de los simios, incluso de los más cercanos a los seres humanos, de la mano humana, perfeccionada por el trabajo durante cientos de miles de años. El número y la disposición general de los huesos y músculos son los mismos en el simio y en el hombre, pero la mano del salvaje más primitivo es capaz de hacer cientos de cosas que no puede hacer la mano del simio. Ninguna mano simiesca ha construido jamás un cuchillo de piedra, por más tosco que sea.

Las primeras funciones para las que nuestros antepasados fueron adaptando poco a poco las manos, durante los muchos milenios del tránsito del simio al hombre, al principio solo podían ser muy sencillas. Los salvajes más primitivos —incluso los que pudieran regresar a un estado cercano a la animalidad, acompañado de un retroceso físico— son muy superiores a estos seres transitorios. Antes de que la mano humana convirtiera una piedra en la primera cuchilla, tanto tiempo habrá pasado que, en comparación, el período histórico que nosotros conocemos parece insignificante.

Pero ya se había dado el paso decisivo: *la mano estaba libre* y podía adquirir ahora cada vez más destreza. Esta mayor flexibilidad se heredaba e iba creciendo de generación en generación.

Vemos, pues, que la mano no es solo el órgano del trabajo, *también es producto del trabajo*. Es únicamente por medio del trabajo —por la adaptación a cada vez nuevas funciones, por la transmisión hereditaria de músculos, ligamentos y, tras períodos más largos, huesos especialmente desarrollados, por la aplicación siempre renovada de estas capacidades heredadas a funciones nuevas y cada vez más complejas— que la mano humana ha alcanzado ese grado de perfección. Una perfección que ha permitido dar vida a los cuadros de un Rafael, a las estatuas de un Thorwaldsen, a la música de un Paganini.

Pero la mano no existía sola. Era un miembro de un organismo integral y sumamente complejo. Y lo que beneficiaba la mano, beneficiaba también todo el cuerpo que esta servía, en dos sentidos.

Primero, el cuerpo se beneficiaba de la ley de la correlación del crecimiento, según la llamaba Darwin. Según esta ley, ciertas formas de distintas partes de un ser orgánico

El trabajo, junto a la naturaleza que este transforma, es la fuente de toda la riqueza. Es la condición de toda la existencia humana. En ese sentido, podemos decir que el trabajo creó al hombre mismo.

MUSEO NACIONAL DE HISTORIA DE MONGOLIA

Ilustración del uso de herramientas para encender un fuego durante la temprana Edad de Piedra.

Mediante el trabajo cooperativo a lo largo de más de dos millones de años, los humanos adquirieron destrezas para recoger alimentos y desarrollaron herramientas, el habla, la caza y el uso controlado del fuego. Estas conquistas sociales fueron hitos en la capacidad de los seres humanos de asegurar su sustento.

siempre están ligadas a determinadas formas de otras partes del cuerpo que no parecen tener relación alguna con las primeras.

Por ejemplo, todo animal que posee glóbulos rojos sin núcleo y cuya cabeza está vinculada a la primera vértebra con dos articulaciones (cóndilos) posee, sin excepción, glándulas mamarias para la alimentación de su cría. Así también, entre los mamíferos la pezuña hendida está asociada, como regla general, a la presencia de múltiples estómagos para rumiar. Los cambios en ciertas formas provocan cambios en la forma de otras partes del organismo, aunque no podemos explicar la conexión. Los gatos totalmente blancos y de ojos azules son siempre o casi siempre sordos.

El perfeccionamiento gradual de la mano humana y la adaptación correspondiente de los pies a la marcha erguida repercutieron indudablemente, en virtud de esta correlación, en otras partes del cuerpo. Sin embargo, esta relación aún no se ha estudiado suficientemente como para hacer más que señalarla en términos generales.

Mucho más importante es la influencia directa y constatable del desarrollo de la mano sobre el resto del organismo. Como ya hemos señalado, nuestros antepasados simios eran gregarios. Evidentemente no es posible buscar el origen del hombre, el más sociable de los animales, en antepasados inmediatos que no eran gregarios.

El dominio sobre la naturaleza, que comenzó con el desarrollo de la mano, con el trabajo, fue ampliando los horizontes del hombre con cada nuevo avance. Continuamente descubría nuevas propiedades en los objetos que hasta entonces eran desconocidas. Por otro lado, el desarrollo del trabajo contribuyó necesariamente a unir más a los miembros de la sociedad, al multiplicar los casos de ayuda mutua y actividad conjunta, y al mostrar así las ventajas de esta actividad conjunta para cada individuo.

En resumen, los hombres en formación llegaron al punto en que *tenían necesidad de hablarse los unos con los otros*. La necesidad creó el órgano. La laringe poco desarrollada del simio se fue transformando, de forma lenta pero segura, con modulaciones que a su vez produjeron modulaciones más refinadas. Y los órganos de la boca aprendieron gradualmente a pronunciar un sonido articulado tras otro.

La comparación con los animales demuestra que esta explicación del origen del habla a partir del trabajo y mediante el trabajo es la única explicación acertada. Lo poco que los animales, hasta los más desarrollados, necesitan comunicarse entre sí puede transmitirse sin recurrir a la palabra articulada. Ningún animal en su estado natural se siente perjudicado por su incapacidad de hablar o comprender el lenguaje humano.

La situación es muy diferente cuando el animal ha sido domesticado por el hombre. El perro y el caballo, por su contacto con el hombre, han desarrollado un oído tan sensible al habla que pueden llegar a comprender cualquier idioma dentro de los límites de su percepción. Además, han adquirido la capacidad de sentimientos antes ajenos a ellos, como son el apego al hombre, la gratitud, etc. Cualquiera que conozca estos animales difícilmente podrá evitar la convicción de que, en muchos casos, *ahora* sienten que esta incapacidad de hablar es un defecto, aunque desafortunadamente ya no tiene remedio, pues sus órganos vocales ya están demasiado especializados en cierta dirección.

Sin embargo, cuando existen órganos vocales, esta incapacidad puede ser superada dentro de ciertos límites. Los órganos bucales de las aves son completamente diferentes de los del hombre. Sin embargo, las aves son los únicos animales que pueden aprender a hablar.

Primero, el trabajo. Después, junto a ello, el habla. Estos fueron los dos principales estímulos del proceso en que el cerebro del simio se fue transformando en cerebro humano.

Y el ave con la voz más espantosa, el loro, es la que mejor habla. Que no se objete afirmando que el loro no entiende lo que dice. Es cierto que, por el solo gusto de hablar y asociarse con los humanos, el loro puede estar repitiendo horas y horas su vocabulario completo. Pero dentro de los límites de su percepción, también puede llegar a comprender lo que dice. Si se le enseña a un loro a decir palabrotas de manera que adquiera una idea de su significado (una de las distracciones predilectas de los marineros que regresan de los trópicos), muy pronto veremos que, cuando lo provocan, sabrá usar esas palabrotas tan bien como cualquier verdulera ambulante de Berlín. Y lo mismo pasa cuando el loro pide golosinas.

Primero, el trabajo. Después, junto a ello, el habla. Estos fueron los dos principales estímulos bajo cuya influencia el cerebro del simio se fue transformando gradualmente en cerebro humano, que a pesar de su semejanza es mucho más grande y desarrollado.

Junto con el cerebro se desarrollaron sus instrumentos más inmediatos: los órganos de los sentidos. De la misma manera que el desarrollo progresivo del habla va acompañado inevitablemente de un perfeccionamiento correspondiente del órgano del oído, el desarrollo general del cerebro va a la par del perfeccionamiento de todos los órganos de los sentidos.

El águila ve mucho más lejos que el hombre, pero el ojo humano percibe en las cosas mucho más que el ojo del águila. El perro tiene un olfato mucho más fino que el hombre, pero no puede distinguir ni la centésima parte de los olores que le sirven al hombre para identificar diferentes cosas. Y el sentido del tacto, que el simio posee de la forma más tosca y primitiva, se desarrolló solo con el perfeccionamiento de la propia mano del hombre, a través del trabajo.

El desarrollo del cerebro y de los sentidos a su servicio, la creciente claridad de conciencia y capacidades de abstracción y razonamiento, estimularon más y más el desarrollo tanto del trabajo como del habla.

Este desarrollo no cesó cuando el hombre se separó definitivamente del simio. Continuó progresando enormemente en diferentes grados y direcciones entre los distintos pueblos y en las distintas épocas, aun si a veces quedaba interrumpido por retrocesos locales o temporales. Se vio fuertemente impulsado, y guiado hacia rumbos más definidos, por un nuevo elemento que surgió con la aparición del ser humano plenamente desarrollado: *la sociedad*.

Seguramente habrán transcurrido centenares de milenios —que en la historia de la Tierra equivale a menos de un segundo en la vida humana— hasta que la sociedad humana surgiera de aquellas manadas de monos arborícolas.*

---

* Una autoridad destacada en este campo, Sir William Thomson, calculó que habrán transcurrido *poco más de 100 millones de años* desde que la Tierra se enfrió lo suficiente como para que las plantas y los animales pudieran vivir en ella.—FEDERICO ENGELS

[Hoy los científicos calculan que la Tierra se formó hace unos 4.5 mil millones de años, y que las primeras formas de vida aparecieron entre

Pero al fin y al cabo surgió. ¿Y qué es lo que constatamos nuevamente como rasgo que distingue a la sociedad humana de la manada de simios? *El trabajo*.

La manada de simios se contentaba con alimentarse en una zona definida por las condiciones geográficas o la resistencia de las manadas vecinas. Se trasladaba de un lugar a otro y luchaba para conseguir nuevas zonas de alimentación, pero era incapaz de extraer más de lo que estas zonas le ofrecían en su estado natural, aparte de la acción inconsciente de la manada de abonar la tierra con sus excrementos. Una vez ocupadas todas las posibles zonas de alimentación, el crecimiento de la población simiesca ya era imposible; a lo sumo, el número de animales podía mantenerse al mismo nivel.

Pero todos los animales son grandes despilfarradores de alimentos, y además destruyen en germen la próxima generación de suministros alimenticios. A diferencia del cazador, el lobo no preserva la cabra que podría darle cabritos al año siguiente. Las cabras en Grecia, que devoran los jóvenes arbustos antes de que puedan crecer, han desnudado todas las montañas del país.

Esta "expoliación" de la naturaleza por parte de los animales juega un papel importante en la transformación gradual de las especies, al obligarlas a que se adapten a alimentos que no les son habituales. Esto lleva a que cambie la composición química de su sangre y se modifique progresivamente toda la constitución física del animal, al tiempo que desaparecen las especies que no se adaptaron.

No cabe duda de que esta expoliación contribuyó mucho al tránsito de nuestros antepasados de simios a huma-

---

700 millones y poco más de mil millones de años más tarde. Sin embargo, las conclusiones de Engels siguen siendo válidas.]

nos. Llevó a una expansión del número de plantas alimenticias y a un mayor consumo de las partes comestibles de estas plantas por una raza de simios que superaba con mucho a las demás en su inteligencia y adaptabilidad. En una palabra, aumentó la variedad de alimentos, como también de las sustancias asimiladas por el organismo, lo cual creó las precondiciones químicas para la transición al hombre.

Pero todo esto no era realmente trabajo. El trabajo comienza con la elaboración de herramientas. ¿Y cuáles son las herramientas más antiguas, si juzgamos por los artefactos del hombre prehistórico que se han descubierto, por el modo de vida de los pueblos más antiguos de la historia y de los salvajes contemporáneos más primitivos? Son los instrumentos de caza y de pesca, y los primeros también servían de armas. Pero la caza y la pesca suponen la transición de una dieta exclusivamente vegetal a una dieta que incluye la carne, lo que significa un nuevo paso importante en el tránsito de simio en hombre.

Una *dieta de carne* ofreció al organismo, en forma casi acabada, los ingredientes más esenciales para su metabolismo. Acortó el proceso de la digestión y otros procesos de la vida vegetativa del organismo que son análogos a los de las plantas, ahorrando así tiempo y adquiriendo más materiales y estímulos para manifestar activamente la vida propiamente animal. Y cuanto más se alejaba el humano en formación del reino vegetal, más se elevaba por encima de los animales.

Así como el hábito de una dieta de vegetales junto con la carne convirtió al gato y al perro salvajes en servidores del hombre, también el adaptarse a una dieta de carne combinada con una dieta vegetal contribuyó mucho a dar fuerza física e independencia al hombre en formación. Sin embargo, fue en el cerebro donde más influyó la dieta de carne, al recibir en mucha mayor cantidad las sustancias necesarias para su alimentación. Esto permitió el desarrollo y perfeccionamiento más rápido del cerebro de generación en generación.

Con todo respeto a los vegetarianos, debemos reconocer que el hombre no llegó a ser hombre sin una dieta de carne. Y si el consumo de carne llevó al canibalismo en una u otra época de la historia entre todos los pueblos conocidos (aun en el siglo X, los antepasados de los berlineses, los weletabos o veletos, solían devorar a sus propios padres), eso para nosotros hoy no tiene importancia.

La dieta de carne llevó a dos nuevos avances de importancia decisiva: el aprovechamiento del fuego y la domesticación de animales. El uso del fuego acortó aún más el proceso de la digestión, permitiendo llevar comida a la boca que ya estaba medio digerida, por así decirlo. La domesticación de animales hizo más abundante la carne, proporcionando un suministro más regular, además de la caza. También brindó, con la leche y sus derivados, un nuevo alimento por lo menos tan valioso en su contenido como la carne.

Estos dos avances representaron nuevos medios para la emancipación del hombre. Un estudio detallado de sus efectos indirectos nos apartaría demasiado del tema, a pesar de la gran importancia que han tenido para el desarrollo del hombre y la sociedad.

Así como el hombre aprendió a consumir todo lo comestible, aprendió también a vivir en cualquier clima. Se extendió por toda la superficie habitable de la Tierra, el único animal capaz de hacerlo por iniciativa propia. Los demás animales que se han adaptado a todos los climas —animales domésticos y alimañas— no lo lograron solos, sino siguiendo al hombre.

Y la transición, del clima uniformemente cálido en el lugar de origen de la humanidad hacia zonas más frías

CRONOLOGÍA DE LA EVOLUCIÓN HUMANA

CRÍA DE ANIMALES,
AGRICULTURA

hace 10-15 mil años

ALFARERÍA Y ARTE
MÁS AVANZADAS

hace 50 mil años

VIVIENDA,
ROPA

hace 400 mil años

CAZA, USO DEL FUEGO

hace 1.9 millones de años

POSIBLES INICIOS DEL HABLA

hace 2.2 millones de años

USO DE HERRAMIENTAS

hace 2.4 millones de años

POSTURA ERGUIDA

hace 6 millones de años

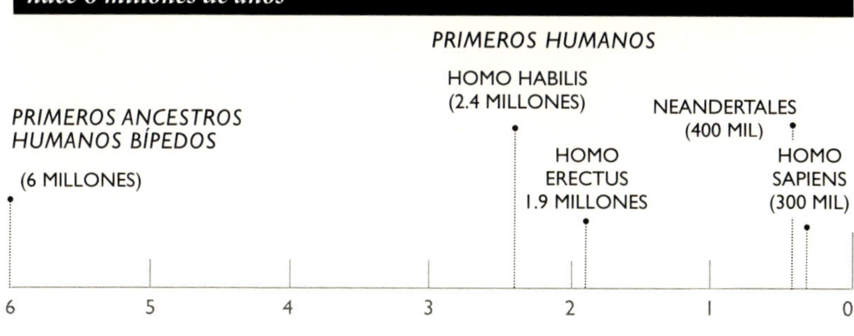

donde el año se dividía en verano e invierno, creó nuevas necesidades: techo y ropa para protegerse del frío y la humedad. Así surgieron nuevas esferas de trabajo, y por tanto nuevas actividades que fueron separando más y más al hombre de los animales.

Gracias a la cooperación de la mano, los órganos del habla y el cerebro, no solo en cada individuo sino en la sociedad, los hombres fueron capaces de ejecutar operaciones cada vez más complejas, a plantearse y lograr objetivos cada vez más elevados. El trabajo mismo cambió: se fue perfeccionando y diversificando de generación en generación.

A la caza y la ganadería se sumó la agricultura, y más tarde el hilado y el tejido, la metalurgia, la alfarería y la navegación. Junto al comercio y los oficios, finalmente aparecieron las artes y las ciencias. De las tribus surgieron naciones y estados. Se desarrollaron el derecho y la política, y con estos, el reflejo fantástico de las cosas humanas en la mente humana: la religión.

Frente a todas estas creaciones —que al principio daban la impresión de ser productos de la mente y parecían dominar las sociedades humanas— las obras de la mano trabajadora, más modestas, quedaron relegadas a segundo plano. Y esto ocurrió sobre todo porque en una etapa muy temprana del desarrollo de la sociedad (por ejemplo, en la familia primitiva) la mente que planeaba el trabajo podía obligar a manos ajenas a hacer ese trabajo. El rápido avance de la civilización fue atribuido exclusivamente a la mente, al desarrollo y a la actividad del cerebro.

Los hombres se acostumbraron a explicar sus actos como resultado de sus pensamientos en vez de sus necesidades (que en todo caso se reflejan y se perciben en la mente). Así fue que, con el tiempo, surgió esa concepción idealista del mundo que —especialmente desde el fin del mundo antiguo— ha dominado la mente de los hombres. Todavía predomina, a tal punto de que hasta los naturalistas de la escuela de Darwin más allegados al materialismo son incapaces de formarse una idea clara sobre el origen del hombre, porque esta influencia ideológica les impide ver el papel desempeñado por el trabajo en ese proceso.

Hasta los naturalistas de la escuela de Darwin no tienen una idea clara sobre el origen del hombre, porque no pueden ver el papel desempeñado por el trabajo en ese proceso.

También los animales, como ya hemos indicado, cambian con su actividad el medio ambiente, aunque no tanto como el hombre, y estos cambios a su vez repercuten en sus causantes y los cambian, como hemos visto. En la naturaleza nada ocurre de forma aislada. Cada fenómeno afecta el otro, y es mayormente por olvidar estos movimientos e interacciones universales que nuestros naturalistas no perciben claramente las cosas más simples.

Ya hemos visto cómo las cabras impidieron la regeneración de los bosques en Grecia. En la isla de Santa Elena [en el océano Atlántico], las cabras y los cerdos traídos por los primeros navegantes acabaron casi por completo con la vegetación, preparando así el suelo para que pudieran multiplicarse las plantas traídas más tarde por otros navegantes y colonos.

Pero la influencia duradera que los animales ejercen sobre su entorno es involuntaria y, desde el punto de vista de los propios animales, es un hecho accidental. Sin embargo, mien-

'Nuestro ser social determina nuestra conciencia'

En la producción social de su vida, los hombres necesariamente establecen determinadas relaciones que son independientes de su voluntad: relaciones de producción que corresponden a una cierta etapa de desarrollo de sus fuerzas productivas materiales.

El conjunto de estas relaciones de producción forma la estructura económica de la sociedad, la base real, sobre la cual se levanta una superestructura jurídica y política y a la que corresponden determinadas formas de conciencia social.

El modo de producción de la vida material condiciona el proceso de la vida social, política e intelectual en general. No es la conciencia del hombre lo que determina su ser, sino al contrario, el ser social es lo que determina su conciencia.

Al alcanzar una cierta fase de desarrollo, las fuerzas productivas materiales de la sociedad entran en conflicto con las relaciones de producción existentes, o —lo que es simplemente la expresión jurídica de lo mismo— con las relaciones de propiedad dentro de las cuales se han desenvuelto hasta ese punto.

Estas relaciones, que antes eran formas de desarrollo de las fuerzas productivas, se convierten en sus trabas. Se abre entonces una época de revolución social...

Ninguna formación social desaparece antes de que se hayan desarrollado todas las fuerzas productivas que

> caben en ella. Y nunca aparecen nuevas y más avanzadas relaciones de producción antes de que las condiciones materiales para su existencia hayan madurado en el seno de la misma sociedad vieja.
>
> CARLOS MARX, 1859
> *Contribución a la crítica de la economía política*

tras más los hombres se alejan de los animales, más sus efectos sobre la naturaleza asumen el carácter de acciones intencionales y planificadas con fines concretos y preconcebidos.

Los animales destrozan la vegetación de una zona sin saber lo que hacen. En cambio, los hombres la destrozan para sembrar cultivos en el suelo despejado, o para plantar árboles o vides, sabiendo que la cosecha superará con creces lo que sembraron. El hombre traslada plantas de cultivo y animales domésticos de un país a otro, modificando así la flora y la fauna de continentes enteros.

Es más, gracias a la cría artificial, las plantas y los animales cambian a tal grado a manos del hombre que se hacen irreconocibles. Aún no se han hallado las plantas silvestres de las que se derivaron nuestros actuales cereales. Todavía se debate cuáles animales salvajes dieron origen a la gran variedad de nuestros perros o a las igualmente numerosas razas de caballos.

Sobra decir que no se nos ocurriría negar la capacidad de los animales de actuar de forma planificada y premeditada. Al contrario, la acción planificada existe de manera embrionaria dondequiera que el protoplasma, la albúmina viva, exista y reaccione, es decir, donde realice determinados movimientos, aunque sean los más sencillos, en respuesta a determinados estímulos externos. Esta reacción se produce hasta cuando aún no hay célula, ni hablar de una célula nerviosa. La manera en que las plantas insectívoras se apoderan de su presa parece un acto planificado, aunque es totalmente inconsciente.

No nos halaguemos demasiado, sin embargo, por nuestros triunfos humanos sobre la naturaleza. Por cada una de estas victorias, la naturaleza toma su venganza.

En los animales, la capacidad de realizar actos conscientes y premeditados aumenta con el desarrollo del sistema nervioso, y en los mamíferos alcanza un nivel bastante elevado. Durante la caza del zorro en Inglaterra se puede observar siempre la infalibilidad con que el zorro utiliza su gran conocimiento del lugar para eludir a sus perseguidores, y lo bien que conoce y aprovecha todas las ventajas del terreno para despistarlos.

Entre nuestros animales domésticos, más desarrollados por su convivencia con el hombre, se puede constatar a diario actos de astucia al mismo nivel que los de los niños. Pues, así como el desarrollo del embrión humano en el útero materno es solo una repetición abreviada de la historia del desarrollo físico de nuestros antepasados animales a través de millones de años, remontándose al gusano, también el desarrollo mental del niño es una repetición aún más abreviada del desarrollo intelectual de estos mismos antepasados, por lo menos de los más cercanos.

Sin embargo, todas las acciones planificadas de todos los animales no han logrado jamás imprimir el sello de su voluntad en la naturaleza. Eso le tocó al hombre.

Resumiendo: los animales solo *utilizan* su entorno, y lo cambian por el mero hecho de su presencia. En cambio, el hombre, al cambiar su entorno, lo pone al servicio de sus propios fines, lo *domina*. Esa es la diferencia esencial y definitiva entre el hombre y otros animales. Y nuevamente, es el trabajo lo que produce esta diferencia.

No nos halaguemos demasiado, sin embargo, por nuestros triunfos humanos sobre la naturaleza. Por cada una de estas victorias, la naturaleza toma su venganza. Es cierto que los primeros resultados de estas victorias son los que previmos, pero en segundo y tercer lugar aparecen consecuencias muy distintas e imprevistas que a menudo anulan las primeras.

Los pueblos de Mesopotamia, Grecia, Asia Menor y otras regiones que destruían bosques para obtener tierra cultivable nunca soñaron que, al eliminar los bosques junto con los centros de acumulación y reservas de humedad, estaban sentando las bases para la actual desolación de esas tierras.

Cuando los italianos de la zona alpina agotaron los bosques de pinos en las laderas del sur —bosques conservados con tanto celo en las laderas del norte— no tenían idea de que así destruían las raíces de la industria lechera en su región. Mucho menos podían prever que así dejaban sus manantiales serranos sin agua la mayor parte del año, creando las condiciones para que, al llegar la temporada de lluvias, volcaran con más furia sus torrentes sobre la planicie.

Los que propagaron el cultivo de la papa en Europa no sabían que, con este tubérculo harinoso, también propagaban la escrofulosis.*

* Probablemente una forma de tuberculosis. Una creencia, entonces muy generalizada, posteriormente refutada.—EDITOR

En Cuba los hacendados españoles quemaban bosques en las laderas de montañas, y con la ceniza obtenían abono para cafetos muy rentables. ¡Qué les importaba que más tarde las lluvias tropicales barrieran la capa vegetal desprotegida!

Derecha: Deforestación en Brasil colonial, principios del siglo XIX.

Los capitalistas, escribe Engels, se ven impelidos a "ocuparse solo de los beneficios más inmediatos" de sus acciones —sus ganancias— y no los efectos a largo plazo.

Izquierda: Trabajadores de un vivero cuidan posturas de árbol, Las Tunas, Cuba, 2016. El resguardo del medio ambiente es prioridad del pueblo trabajador cubano y su gobierno revolucionario. Un 95 por ciento de los bosques de la isla están protegidos: el índice más alto del mundo.

Así, a cada paso los hechos nos recuerdan que no dominamos la naturaleza como un conquistador a un pueblo conquistado, como alguien situado fuera de la naturaleza. Al contrario, pertenecemos a la naturaleza en carne y sangre y cerebro, y existimos en su seno. Y todo nuestro dominio sobre la naturaleza consiste en que, a diferencia de los demás animales, somos capaces de conocer sus leyes y aplicarlas correctamente.

En efecto, cada día comprendemos mejor estas leyes y reconocemos más las consecuencias tanto inmediatas como a largo plazo de nuestra intervención en el curso normal de la naturaleza. Especialmente gracias a los grandes avances de las ciencias naturales en este siglo, somos más y más capaces de prever las consecuencias naturales a largo plazo de al menos nuestras actividades productivas más comunes, y por tanto podemos aprender a controlarlas mejor.

Pero mientras más suceda esto, más sentirán y comprenderán los hombres su unidad con la naturaleza. Y más inconcebible será esa idea absurda y antinatural de una contradicción entre la mente y la materia, entre el hombre y la naturaleza, entre el alma y el cuerpo, idea que empezó a difundirse tras el ocaso de la antigüedad clásica en Europa y que alcanzó su máximo desarrollo en el cristianismo.

Fue solo con la experiencia de miles de años de trabajo que los seres humanos pudieron empezar a calcular las consecuencias *naturales* a largo plazo de nuestras actividades productivas. Pero mucho más nos costó aprender a calcular las consecuencias *sociales* a largo plazo de estas actividades.

Más arriba mencionamos la papa y sus consecuencias con la difusión de la escrofulosis. Pero, ¿qué es la escrofulosis comparada con reducir a los trabajadores a una dieta de papas y el impacto que esto tuvo en las condiciones de vida de las masas populares en países enteros? O comparada con la hambruna de 1847 en Irlanda, provocada por la plaga de la papa, que llevó a la tumba a un millón de irlandeses —cuyo sustento exclusivo o casi exclusivo era la papa— y obligó a otros dos millones a emigrar a ultramar?

Cuando los árabes aprendieron a destilar el alcohol, ni se les ocurrió que habían creado una de las principales armas con las que se exterminaría a la población indígena en el continente americano, aún desconocido en aquel entonces. Y cuando más tarde Colón descubrió América, no sabía que así le estaba dando nueva vida a la esclavitud —desaparecida desde hacía mucho tiempo en Europa— y sentando las bases de la trata de esclavos negros.

Los hombres que en los siglos XVII y XVIII trabajaron para crear la máquina de vapor no sospechaban que estaban elaborando el instrumento que, más que cualquier otro, habría de revolucionar las condiciones sociales en todo el mundo. En Europa ante todo, al concentrar la riqueza en manos de una minoría y despojar a la inmensa mayoría de la población, este instrumento daría primero el dominio social y político a la burguesía. Sin embargo, después engendraría una lucha de clases entre la burguesía y el proletariado que al final solo podrá terminar con el derrocamiento de la burguesía y la abolición de todos los antagonismos de clase.

Pero también en esta esfera, por una larga y a veces cruel experiencia, y al recopilar y analizar materiales históricos, vamos aprendiendo poco a poco a esclarecer las consecuencias sociales indirectas, más distantes, de nuestra actividad productiva, lo que nos permite también controlar y regular esas consecuencias. Sin embargo, para lograr ese control hace falta algo más que un simple conocimiento.

Hace falta una revolución completa en el modo de producción existente así como en el orden social vigente.

Todos los modos de producción que han existido hasta ahora solo han buscado el resultado más inmediatamente útil del trabajo. No han tenido en cuenta las consecuencias posteriores, que solo aparecen más tarde y son producto de la repetición y la acumulación gradual.

La propiedad en común de la tierra que existía originalmente correspondía, por un lado, a un estado de desarrollo de los humanos en que sus horizontes se limitaban en general a las cosas más inmediatas, y suponía, por otro lado, una cierta abundancia de tierra que ofrecía un margen para neutralizar las posibles consecuencias adversas de esta economía primitiva. Cuando se agotó este excedente de tierras, decayó la existencia de la propiedad en común.

Sin embargo, todas las formas superiores de producción llevaron a la división de la población en distintas clases, y por tanto al antagonismo entre las clases dominantes y las clases oprimidas. Los intereses de las clases dominantes se convirtieron así en la fuerza motriz de la producción, puesto que la producción ya no se limitaba a brindar el más mínimo sustento a los oprimidos.

Esto halla su expresión más acabada en el modo de producción capitalista que hoy día predomina en Europa Occidental. Los capitalistas individuales, que dominan la producción y el intercambio, solo pueden ocuparse de los beneficios más inmediatos de sus acciones. Incluso, esta utilidad —en la medida que se trata de la utilidad de la mercancía producida o cambiada— pasa completamente a segundo plano, y el único incentivo llega a ser la ganancia obtenida por la venta.

~

La economía política clásica, la ciencia social de la burguesía, en general se enfoca únicamente en las consecuencias

Para controlar los efectos sociales de nuestra actividad productiva, es necesaria una revolución en nuestro modo de producción y en todo el orden social.

CONSEJO DE ESTADO DE CUBA

GRANMA

Desde principios de los años 60, la revolución socialista cubana ha dado un ejemplo de lo que los trabajadores y agricultores pueden lograr cuando toman el poder estatal y lo usan a favor de la gran mayoría.

Arriba: Miles se manifiestan en La Habana en apoyo a la nacionalización por el gobierno revolucionario de propiedades norteamericanas y de otros intereses imperialistas, agosto 1960. Echaron al mar ataúdes con los nombres de compañías imperialistas.

Abajo: Trabajadores se movilizan en La Habana el Primero de Mayo de 1961.

sociales que son el objeto inmediato de las actividades humanas de producción e intercambio. Esto corresponde completamente a la organización social de la cual esa economía política es la expresión teórica.

Puesto que los capitalistas individuales producen o intercambian para obtener ganancias inmediatas, solo pueden tener en cuenta en primer lugar los resultados más próximos e inmediatos. Cuando un industrial o un comerciante vende una mercancía que él había producido o comprado y obtiene la ganancia habitual, se da por satisfecho y no le interesa lo que pueda ocurrir más tarde con esa mercancía y sus compradores. Igual sucede con las consecuencias naturales de esas mismas acciones.

En Cuba, cuando los hacendados españoles quemaban los bosques en las laderas de las montañas y obtenían con la ceniza un abono que les alcanzaba para fertilizar *una sola* generación de cafetos de alto rendimiento, ¡qué les importaba que más tarde las lluvias torrenciales de los trópicos barrieran la capa superior desprotegida, dejando solo rocas desnudas!

Con relación a la naturaleza, al igual que a la sociedad, el actual modo de producción solo toma en cuenta los resultados más inmediatos y palpables.

Y sin embargo, vemos expresiones de asombro cuando las consecuencias a largo plazo de las acciones resultan muy distintas de los objetivos, y hasta diametralmente opuestas en la mayoría de los casos.

Cuando la armonía entre la oferta y la demanda se transforma en lo opuesto, como lo muestra cada ciclo industrial de 10 años, incluso en Alemania, que experimentó un pequeño preludio de esto durante el "desplome" [la crisis financiera mundial de 1873 y los años de depresión económica que le siguieron].

Cuando la propiedad privada basada en el trabajo propio se va convirtiendo necesariamente en la falta de propiedad de los trabajadores, mientras toda la riqueza se concentra más y más en manos de los que no trabajan. Cuando [*Aquí se interrumpe el manuscrito.*]

Cómo ascendió la humanidad hasta la civilización

George Novack

Me propongo primero trazar el curso fundamental del desarrollo humano, desde nuestros remotos antepasados animales hasta el presente, cuando la humanidad se ha convertido en soberana de la Tierra pero aún no es dueña de sus propias creaciones, para no hablar de su propio sistema social. Después abordaré la trayectoria central de la evolución en ese segmento específico de la sociedad que ocupa gran parte de Norteamérica y representa la forma más desarrollada de la sociedad capitalista.

Trataré de mostrar no solo cómo nuestra historia nacional en Estados Unidos está vinculada al desarrollo mundial, sino el lugar que nosotros ocupamos, a nivel individual y colectivo, en ese cuadro. Se trata de una tarea extensa y audaz, una especie de viaje a propulsión por la estratósfera

---

La primera de dos charlas presentadas en septiembre de 1955 en la escuela-campamento de la Costa Occidental del Partido Socialista de los Trabajadores, que se realizó cerca de Los Ángeles.

de la historia mundial. Nos urge hacerlo, por la necesidad de comprender todo el vasto conjunto de acontecimientos y nuestro lugar específico en ellos, y también por la dinámica misma de la teoría científica en la sociología, cuya expresión más alta es el marxismo. El movimiento basado en el socialismo científico, que se prepara con toda energía para el futuro, debe asimismo estudiar a fondo el pasado.

~

Comenzaré por el historial político de un individuo. En enero de 1935 apareció un libro que estableció la pauta para una serie de reflexiones sobre las tendencias de nuestros tiempos. Influyó bastante en los intelectuales estadounidenses radicalizados hasta el estallido de la Segunda Guerra Mundial. El autor de ese libro, *Personal History* (Historia personal), era Vincent Sheean. Su autobiografía fue un intento serio de comprender hacia dónde conducían los acontecimientos históricos que marcaron a su generación y cuál debía ser su propia actitud hacia el curso principal y las contracorrientes de esta historia.

Sheean relató sus inicios como estudiante ignorante en la Universidad de Chicago a fines de la Primera Guerra Mundial. En esos momentos, él conocía tan poco sobre las fuerzas fundamentales que operan en el mundo como los millones de personas que hoy día se ven encerrados en un semejante provincialismo. Según lo expresó:

> El sistema burgués procuraba aislar lo más posible a todos sus hijos de tener conocimientos sobre los procesos del desarrollo humano, y en mi caso lo logró rotundamente. Pocos hotentotes [los *khoikhoi* de África austral] o isleños del Pacífico Sur habrían estado menos preparados para la vida en el ancho mundo de lo que yo estaba a los 21 años.

Este norteamericano ingenuo partió al extranjero como periodista y aprendió de los grandes acontecimientos de los años 20. Observó los efectos de la Primera Guerra Mundial y la Revolución Rusa. Fue testigo de la efervescencia que brotaba en el Cercano Oriente, en Marruecos y Palestina, precursores de las vastas conmociones coloniales después de la Segunda Guerra Mundial. También le tocó presenciar y jugar un papel incidental en la derrotada segunda revolución china de 1926–27. Sus experiencias culminaron con el colapso económico del capitalismo a partir de 1929 y la propagación del fascismo en Europa.

Estas convulsiones despertaron a Sheean de su sueño, le abrieron los ojos y lo impulsaron hacia el marxismo y el movimiento socialista revolucionario. Se vio arrastrado por la vorágine de esa primera etapa de resquebrajamiento de la civilización capitalista, y empezó a reconocerlo como tal. Grandes acontecimientos sociales, económicos y políticos demostraron la bancarrota de las ideas sobre el mundo que él había adquirido en su formación de clase media en el Medio Oeste norteamericano y lo indujeron a abandonarlas.

Sheean encontró en el marxismo la explicación más convincente sobre los procesos de desarrollo social y las causas de los hechos decisivos de su época. Se vio inspirado por la capacidad del marxismo de responder a la interrogante que asalta a toda persona pensante: ¿Qué relación tiene mi vida con los que me precedieron en la Tierra, con todos mis contemporáneos y con las incontables generaciones que vendrán después?

Consideraciones científicas, políticas y morales se combinaron para atraerlo a la ciencia del movimiento socialista. Sheean admiraba el marxismo, recalcó, porque ofrecía "la visión larga". No es una frase que él acuñó, sino que la tomó de un participante en la lucha. Los marxistas, subrayó, no se guiaban, o no debían guiarse, por visiones parciales y consideraciones episódicas, sino por la perspectiva más amplia sobre la evolución biológica y los logros de la humanidad.

La síntesis integral de la historia brindada por el marxismo contrastaba rotundamente con la visión miope que él había adquirido en el Medio Oeste. Estados Unidos tenía los artefactos más modernos, pero estaba dominado por ideas sumamente anticuadas sobre la evolución social.

Sheean se había percatado de una de las características más notables del sistema de pensamiento que lleva el nombre de su creador, Carlos Marx. El socialismo científico proporciona la doctrina más coherente, multifacética y abarcadora sobre la evolución... y sobre la revolución. En la medida posible, esta "visión larga" representa la marcha de la humanidad vista en toda su amplitud, en su realidad actual y consecuencias definitivas.

~

¿Cuál era esta visión larga que atrajo a Vincent Sheean y a tantos millones antes y después de él? ¿Qué puede enseñarnos un repaso del proceso de la evolución, analizado con los métodos materialistas del marxismo, sobre la manera en que las cosas cambian en este mundo?

Podemos enumerar cuatro puntos críticos de inflexión en la cronología de la evolución. El primero fue el origen de nuestro planeta hace unos tres o cuatro mil millones de años. El segundo, unos 2.5 mil millones de años atrás, fue el surgimiento de la vida en forma de organismos marinos unicelulares. (Estas fechas son aproximadas pero actualmente son las más aceptadas). El tercero fue la aparición de los primeros vertebrados hace unos 400 o 500 millones de años. El último fue la evolución de lo que llegó a ser la especie humana en los últimos seis millones de años.

Comencemos con el tercer gran capítulo de este panorama histórico: las primeras especies de peces. El Museo Americano de Historia Natural ha preparado un organigrama que ilustra las principales etapas de la evolución orgánica desde los primeros peces hasta nosotros, los mamíferos más avanzados. La espina dorsal introducida por los peces fue una de las estructuras básicas para la evolución hacia formas superiores.

El *astraspis*, según se denomina uno de los primeros vertebrados, vivió en la era paleozoica cerca de lo que hoy es Cañón City, Colorado, donde se encontraron sus restos en depósitos de delta. Este poblador originario de América, que vivió hace 400 ó 500 millones de años, fue muy revolucionario para su tiempo. He aquí lo que dice sobre el tema Brian Curtis, autoridad muy reconocida, en *Life Story of the Fish* (Historia de la vida de los peces), a propósito de este hecho:

> Hoy en día un animal con espina dorsal no nos resulta extraño. Pero cuando apareció el primer pez en la Tierra —sabemos por los registros geológicos que fue hace unos 500 millones de años— debe haber parecido un milagro. Era el último modelo en diseño animal, un experimento radical, casi podríamos decir temerario, de esa fuerza que nos parece conveniente personificar como la Madre Naturaleza.

¿En qué consistía su "radicalidad"?

> Hasta ese momento no había surgido ninguna criatura con las partes duras por dentro y no por fuera... Se podría decir que la Naturaleza desató una tormenta de ideas,

> abandonó todos sus métodos anteriores y produjo de la noche a la mañana algo totalmente nuevo e inaudito.

Aunque el pez guardó una parte de la vieja armadura externa, lo decisivo desde el punto de vista de la evolución fue que adquirió una espina dorsal. Esto convirtió el pez en un animal fundamentalmente diferente de todo lo viviente hasta entonces. Por tanto, el nuevo tipo de animal vertebrado *nació* del tipo antiguo y lo *trascendió*. Pero eso no es todo. Salió a conquistar nuevos ámbitos de existencia y actividad. El rasgo más revolucionario del pez fue que se convirtió en punto de partida de toda la jerarquía de animales vertebrados.

Estos primeros vertebrados más tarde avanzaron: desde los peces, pasando por los anfibios (que son tanto acuáticos como terrestres) y los reptiles, se bifurcaron finalmente en dos ramas de animales de sangre caliente: las aves y los mamíferos. Los humanos son el punto más avanzado del desarrollo de los mamíferos. Todas las autoridades científicas aceptan la evolución animal hasta este punto.

Pero estos hechos e ideas, tan comunes hoy día, eran las ideas subversivas de ayer. Aceptamos fácilmente esta visión científica de la evolución orgánica sin percatarnos de que el mero hecho de aceptarla representa parte de un cambio rotundo en el pensamiento humano sobre el mundo y sobre los animales que lo habitan, cambio que se ha producido a escala masiva apenas en el último siglo. Por ejemplo, recordemos la prevalencia en el mundo occidental, hasta hace unas generaciones, del mito bíblico de la creación.

Dos aspectos sobre los vertebrados merecen atención especial. Primero, el hecho de que las partes óseas del pez se trasladaron del exterior al interior significó una forma cualitativamente nueva de estructura orgánica, una ruptura en la continuidad del desarrollo, un salto a un nivel

El rasgo más revolucionario del pez fue su espina dorsal. Fue el punto de partida para todos los animales que vinieron despúes.

A lo largo de millones de años, los vertebrados evolucionaron desde los peces hasta los anfibios, los reptiles, las aves y los mamíferos.

Arriba: Representación artística de *Tiktaalik,* pez de agua dulce que vivió hace 375 millones de años. Sus fósiles ayudan a documentar la evolución de los peces a los animales terrestres.

de vida más alto. Todos los biólogos reconocen este hecho.

Pero esto tiene una importancia más profunda y nos revela mucho sobre los métodos del cambio evolutivo en general. Demuestra cómo, en el punto crítico de la acumulación de cambios en el exterior y el interior de un organismo, los elementos en conflicto que lo componen rompen con la forma antigua de su existencia, y el proceso gradual lleva, de un salto, a una etapa de desarrollo cualitativamente nueva e históricamente superior. Esto sucede no solo con las especies orgánicas, sino con las formaciones sociales y los sistemas de pensamiento.

Este vuelco radical es innegable en el caso del nacimiento y la evolución de los peces y su superación posterior por especies más avanzadas. Pero a mucha gente le resulta bastante más difícil aceptar esas conclusiones cuando se trata de la transformación de una organización social inferior en una organización social superior. Esa renuencia a aplicar sistemáticamente las lecciones de la evolución a todas las cosas, y sobre todo al sistema social capitalista en que vivimos, tiene sus raíces en la decisión de los gobernantes capitalistas de defender intereses de clase muy poderosos, pero obsoletos y estrechos, contra fuerzas opuestas e ideas rivales de clase que apuntan a la creación de un orden de cosas verdaderamente nuevo.

El segundo punto que cabe destacar es que el pez, al ser el primer vertebrado, ocupa un lugar específico en la secuencia de la evolución de los organismos. Es un eslabón en la cadena de manifestaciones de la vida que va desde los protozoos unicelulares hasta los organismos más complejos. Este primer animal con espina dorsal surgió de una serie de otros que no tenían esa estructura esquelética. A su vez, dio origen a formas superiores que sí tenían ese y muchos otros rasgos nuevos.

Por contradictorio que sea, muchos estudiosos y científicos que dan por sentado el orden de la evolución de las especies orgánicas se resisten tercamente a aplicar esas mismas leyes de evolución a las especies cambiantes de organizaciones sociales. No admiten que haya existido, o que pueda existir, una secuencia definida y apreciable en el desarrollo social de la humanidad que sea análoga a la progresión de los invertebrados a los peces, pasando por los reptiles y los mamíferos, hasta la llegada de la especie humana.

Hoy día este escepticismo es especialmente pronunciado entre los sociólogos en nuestro país. Por supuesto, los pensadores de este tipo saben que han ocurrido muchos cambios en la historia. Saben que la antropología, la arqueología, la historia, la sociología y la política dan fe de la existencia de muchas formaciones sociales diferentes.

Lo que niegan es que estas manifestaciones típicas de la vida social pueden —o incluso deben— ubicarse en un orden determinado de desarrollo histórico en que cada una ocupa su lugar, desde el principio hasta el fin, desde la inferior hasta la superior, de acuerdo con la productividad del trabajo social. Ellos enseñan que las diversas culturas y formas de vida son simplemente diferentes unas de otras, que no es posible o necesario tratar de descubrir una secuencia sistemática o vinculación ordenada en la manera en que han surgido.

Este concepto y método es completamente antievolucionario, anticientífico y esencialmente reaccionario. Pero tiene explicación. El afirmar que no es posible descubrir el orden en que avanzan las estructuras sociales es una expresión —si me permiten la analogía— de la resistencia de los actuales invertebrados frente a los vertebrados inminentes, que representan una forma superior de organización y están destinados a reemplazarlos en la lucha por la supervivencia social.

El propio desarrollo documentado de la evolución, empezando con el ascenso del pez, desmiente muy efectivamente este tenaz conservadurismo. Al primer vertebrado le siguieron seis tipos de peces cada vez más avanzados durante los siguientes 100 millones de años. El más avanzado era una especie carnívora de agua dulce y tamaño mediano, cuyos fósiles se han encontrado en Canadá. Aunque esta especie pasaba una buena parte de su vida en el agua, había adquirido muchas de las funciones necesarias para ser un animal terrestre.

Como se sabe, los peces normalmente viven en el agua, respiran por las agallas y tienen aletas. Desde el punto de vista de la naturaleza de pez establecida, era indecoroso que los primeros anfibios salieran del agua, se arrastraran hasta la tierra, respiraran con los pulmones y caminaran con las patas.

Imaginemos un pez (si me acompañan en esta fantasía) que mira hacia atrás en vez de hacia adelante, como hacen algunos peces. Ese pez de mirada retrógrada podría exclamarles a los anfibios que venían avanzando: "Los peces, que somos los habitantes más antiguos, jamás hemos hecho tales cosas. No se pueden hacer, ¡no se deben hacer!" Y cuando los anfibios persistieron, podría gritar: "Esas cosas no se deben hacer. ¡Subvertiría el buen orden que ha existido siempre!" No obstante, la resistencia de la inercia no impidió que ciertos moradores de las aguas se convirtieran en animales terrestres.

La vida animal siguió avanzando a medida que las especies se fueron modificando y transmutando, en respuesta a cambios fundamentales en su constitución genética y sus hábitats naturales. Los anfibios se convirtieron en reptiles, que poseían cerebros más desarrollados, respiraban con la expansión y contracción de las costillas, ponían huevos, tenían miembros para la locomoción y ojos bien desarrollados. El orden de los reptiles evolucionó gradualmente hacia los mamíferos, con tipos intermedios que poseían rasgos de ambos, hasta que, una vez más, un nuevo orden hizo su entrada en el mundo.

Hace unos 135 millones de años surgió el prototipo animal que dio origen a nuestro antepasado arborícola. Era parecido a un roedor, y dio otro gran salto en adaptación y actividad evolutiva al abandonar la tierra por los árboles. La vida arbórea a lo largo de más de 600 mil años transformó a nuestros antepasados animales de pies a cabeza —desde la función prensil hasta los dientes— y ascendieron a formas de monos y simios. El parentesco entre estos últimos y nosotros es tan cercano que resulta difícil distinguir el embrión de los simios superiores del embrión humano.

Finalmente se habían creado las condiciones naturales para el surgimiento de la humanidad. Es probable que los cambios en el clima y las condiciones geográficas hayan llevado a ciertas especies de primates a bajar de los árboles, salir de los bosques y vivir en las llanuras. Una serie de importantes cambios anatómicos allanó el camino para la aparición de la raza humana. El acortamiento del hueso pélvico le permitió al primate asumir la posición erecta, diferenciar las extremidades superiores de las inferiores y emancipar las manos. El cerebro aumentó de tamaño. La visión binocular y los órganos vocales hicieron posible la vista y el habla humanas.

El órgano biológico fundamental para el desarrollo del ser humano fue la mano. Las manos se volvieron opuestas a las piernas, y el pulgar se hizo oponible a los otros cuatro dedos. Esta contraposición entre el pulgar y los demás de-

Desde la mano hasta la capacidad de transformar la naturaleza

Cuando, después de miles de años de lucha, finalmente se diferenció la mano del pie y surgió la locomoción erecta, el hombre se separó definitivamente del simio. Se sentaron las bases para el desarrollo del lenguaje articulado y para el formidable desarrollo del cerebro, que hizo infranqueable el abismo entre el hombre y el simio.

La especialización de la mano implica la herramienta. Y la herramienta presupone la reacción transformadora del hombre sobre la naturaleza: la producción. Solo el hombre ha logrado dejar su impronta en la naturaleza.

Junto con la mano, fue desarrollándose paulatinamente el cerebro. Primero surgió la conciencia de las condiciones necesarias para realizar distintas acciones de utilidad práctica. Y posteriormente, una mejor comprensión de las leyes naturales que las rigen.

El hombre, a medida que se aleja del animal en sentido estricto, hace su historia de forma más y más consciente, y es cada vez menor la influencia de los efectos imprevistos y las fuerzas incontroladas.

FEDERICO ENGELS, 1883
La dialéctica de la naturaleza

dos ha sido una de las uniones de opuestos más fructíferas y dinámicas en la evolución de la humanidad. La capacidad del pulgar de oponerse a cualquiera de los otros dedos le dio a la mano capacidades excepcionales para agarrar y manipular objetos, y la dotó de suma flexibilidad y sensibilidad. Esta adquisición permitió la combinación biológica entre la mano, el ojo y el cerebro. Eso, combinado con el prolongado período de cuidado materno a los hijos, creó los prerrequisitos naturales para la vida social.

~

A estas alturas cabe decir algo acerca del argumento más común contra el socialismo: "¡No se puede cambiar la naturaleza humana!" ¿Cuánto de cierto hay en esa afirmación?

Una vez que se acepta el hecho de la evolución orgánica, de ahí se desprende inevitablemente por lo menos el siguiente hecho: ¡*La naturaleza de pez sí se puede cambiar*! Se cambió para convertirse en naturaleza de anfibio, reptil, ave, mamífero y finalmente naturaleza humana. La sal de nuestros cuerpos es un recordatorio, entre otros muchos, de que descendemos de nuestro bisabuelo pez que nadaba en los océanos hace millones de años.

Esto plantea las siguientes preguntas pertinentes a los que se resisten al cambio social: si el pez puede cambiar o ser cambiado tanto, ¿con qué argumentos se puede imponer estrictos límites a la mutabilidad de la humanidad? ¿Acaso nuestra especie perdió su plasticidad, su potencialidad para la transformación radical en algún momento de la transición del primate al ser humano?

La realidad es todo lo contrario. En su paso a la humanidad, nuestra especie no solo conservó todas las capacidades de cambio progresista inherentes a los animales, sino que las multiplicó a un grado infinitamente superior, elevándolas a una dimensión completamente nueva por vías y medios de progreso evolutivo antes desconocidos.

Tardó entre cuatro y cinco millones de años crear las condiciones biológicas que permitieran el desarrollo de los primeros homínidos. Esto no fue resultado de la previsión o presciencia de nadie, ni ocurrió de acuerdo a algún plan o con una meta preconcebida. Podríamos decir que ocurrió como resultado coherente de una serie de cambios ciegos y accidentales en las formas de la vida natural, bajo el impulso de la lucha por la supervivencia, que al final culminó con la producción de un tipo especial de primate, capaz de adquirir más que las facultades animales.

En esta coyuntura, hace unos seis millones de años, se produjo la más radical de todas las transformaciones de la vida en este planeta. El surgimiento de la especie humana significó algo totalmente distinto que se convirtió en punto de partida de un desarrollo singular. ¿Qué fue? Fue pasar del separatismo animal al colectivismo humano: desde modos de conducta puramente biológicos hasta el uso de facultades sociales adquiridas.

¿De dónde surgieron estas nuevas facultades artificiales? Facultades que han distinguido a la emergente humanidad de todas las otras especies animales y que han elevado a nuestra especie por encima de los demás primates, convirtiéndola en el orden predominante de la vida. Nuestro dominio es indiscutible, ya que controlamos el poder de destruirnos a nosotros mismos y demás formas de vida, ni hablar de cambiarlas.

Las facultades radicalmente nuevas que adquirieron los seres humanos fueron la capacidad de producir, de asegurarse el sustento mediante herramientas y el trabajo en común, y de compartir los resultados de esa producción. Me limito a señalar cuatro de los factores más importantes de ese proceso.

El primer factor fue el conjunto de actividades necesarias para obtener alimentos y repartirlos entre todos.

El segundo fue el uso, y luego la fabricación, de implementos para ese fin.

El tercer factor fue el desarrollo del habla y de la razón, que surgieron y se desarrollaron al vivir y trabajar conjuntamente.

Lo que distinguió a la incipiente humanidad de otras especies animales fue su capacidad de producir: la capacidad de trabajo asociado y el uso de herramientas para obtener y compartir alimentos.

Los seres humanos mejoraron su capacidad de obtener alimentos a través de los milenios, desde la caza y recolección hasta la domesticación de animales y el cultivo de plantas.

Arriba: Escena de caza y danza, pintada entre 6000 y 3000 AC en la cueva Magura, Bulgaria.

Abajo: Agricultores en Egipto sacan agua del río Nilo para regar sus campos, circa 2000 AC.

El cuarto fue el empleo, la domesticación y la producción del fuego. El fuego fue la primera fuerza natural, el primer proceso químico, que la humanidad en ascenso aplicó con un fin socialmente productivo.

Gracias a estas nuevas capacidades, la humanidad naciente aceleró enormemente los cambios en nuestra propia especie y después en el mundo que nos rodea. La historia documentada del último millón de años es esencialmente la historia de la formación y continua transformación de la humanidad. Esto ha dado origen, a su vez, a la transformación del mundo que nos rodea.

La diferencia decisiva entre los animales superiores y nosotros radica en nuestro desarrollo de los medios y las fuerzas de producción y destrucción, dos aspectos del mismo fenómeno.

¿Qué le ha permitido a la humanidad efectuar cambios tan colosales en sí misma y en su entorno? El conjunto de todos los cambios biológicos en nuestra especie ocurridos en el último millón de años no ha sido un factor importante en nuestro avance. En cambio, durante ese período de tiempo la humanidad ha tomado la materia prima heredada de nuestro pasado animal, la ha socializado, la ha humanizado y la ha civilizado de manera parcial, aunque no completa. El desarrollo humano, en contraste con la animalidad, gira en torno a estos procesos, que son sociales y no biológicos.

La fuerza impulsora de este progreso ha sido el perfeccionamiento de las capacidades productivas, adquiridas con el tiempo y ampliadas de acuerdo con las crecientes necesidades de los seres humanos. Al descubrir y utilizar las diversas propiedades y recursos del mundo que nos rodea, hemos aumentado progresivamente nuestra capacidad de producir los medios de vida. Y al desarrollarse estos, se han perfeccionado las demás facultades sociales: del habla, del pensamiento, de las artes, de la ciencia, etc.

La diferencia decisiva entre los animales superiores y nosotros se encuentra en nuestro desarrollo de los medios y las fuerzas de producción y destrucción, dos aspectos del mismo fenómeno. Esto no solo explica la diferencia cualitativa entre los humanos y los demás animales, sino las diferencias específicas entre los distintos niveles de desarrollo humano. La línea de demarcación entre los pueblos de la Edad de Piedra y los de la Edad de Hierro, y entre la vida salvaje y las sociedades civilizadas, es la diferencia en la suma total de capacidades productivas a su alcance.

Lo que sucede cuando hay una prueba de fuerza entre dos niveles diferentes de poderes productivos y destructivos quedó ilustrado dramáticamente cuando los conquistadores españoles invadieron el Hemisferio Occidental. Los pueblos indígenas estaban armados con arcos, flechas y hondas; los recién llegados tenían mosquetes y pólvora. Los indígenas tenían canoas y remos; los españoles, grandes barcos de vela. Los indígenas usaban chaquetas de cuero o acolchadas para protegerse en los combates; los españoles tenían armaduras de acero. Los indígenas no tenían animales de tiro domesticados sino que andaban a pie; los españoles montaban a caballo. Su equipamiento superior inspiró terror y les permitió a los conquistadores, a pesar de su inferioridad numérica, derrotar a sus antagonistas.

Este postulado básico del materialismo histórico debería resultarnos más fácil de comprender porque tenemos el privilegio de presenciar la primera fase de una revolución tecnológica, comparable en importancia a la domesticación del fuego hace casi dos millones de años. Se trata del control sobre los procesos de fisión y fusión nuclear. Esta nueva fuente de energía ya ha revolucionado las relaciones entre los gobiernos y el arte de la guerra y está a punto de transformar la industria, la agricultura, la medicina y muchas otras esferas de la actividad social.

¿Qué dio lugar a esta revolución tecnológica? La humanidad no había experimentado cambios biológicos en el período precedente. Ni tampoco hubo súbitas alteraciones en sus modos de pensar, sentimientos o ideas morales. Esta fuerza incalculablemente potente de producción y destrucción surgió de todo el desarrollo anterior de las fuerzas productivas de la sociedad, y de todos los conocimientos e instrumentos científicos asociados a ellas. La energía atómica, con sus poderes tanto productivos como destructivos, es el eslabón más reciente en la cadena de capacidades adquiridas que se remontan a los elementos más antiguos de la producción social: el trabajo asociado realizado para obtener las necesidades vitales, para usar y fabricar herramientas, para el habla, el pensamiento y la generación del fuego.

~

Regresemos ahora a ese notable órgano nuestro: la mano. La humanidad convirtió la mano —que entre los primates servía originalmente para llevarse el alimento a la boca— en un órgano prensil para agarrar y dirigir los materiales utilizados y luego conformados como herramientas. La mano es el prototipo biológico de la herramienta y su mango; es el prerrequisito y la madre de la actividad laboral. El paso de la mano a la herramienta coincide con la creación de la sociedad y el avance de la humanidad y sus fuerzas latentes.

La conexión entre las herramientas más rudimentarias y los complejos instrumentos materiales de producción en el sistema industrial de nuestros días fue gráficamente ilustrada en un organigrama preparado por la empresa DoAll, con sede en Des Plaines, Illinois, que auspicia una exposición itinerante titulada "Cómo las herramientas básicas crearon la civilización". Esta exposición, que dice ser "el primer intento de presentar la historia completa de las herramientas humanas", documenta las etapas del progreso de la tecnología.

Las primeras herramientas de manufactura humana que se conocen, llamados eolitos, datan de hace un millón o millón y medio de años, según algunos científicos. Eran fragmentos de piedras partidas, con bordes que servían para cortar carne, raspar pieles o desenterrar raíces. Eran poco más que simples extensiones de la mano. No estaban diseñadas para cumplir funciones específicas, pero se adaptaban a las tareas de machacar, lanzar, raspar, taladrar, cortar, etc.

En la siguiente etapa, se perfeccionaron las herramientas en dos sentidos fundamentales: sus bordes cortantes fueron hechos más eficientes, y fueron diseñados para fines especiales. Los seres humanos aprendieron a tallar la piedra para darle una forma predeterminada, obteniendo un borde más filoso. Apareció una mayor variedad de herramientas de trabajo: hachas, punzones afilados, cuchillas de borde fino, cinceles y otros precursores de las herramientas manuales de hoy.

Esas herramientas redujeron el tiempo necesario para procurar sustento y techo, elevando así el nivel social de la producción y mejorando las condiciones de vida. Además, estas nuevas actividades productivas aumentaron las capacidades mentales de los seres humanos. La complejidad de las herramientas con fines definidos indica el desarrollo de una mente capaz de comprender la necesidad de producir los *medios* antes de alcanzar los *fines*. Los conceptos mentales de los usos específicos precedieron el diseño y la construcción de estas herramientas.

Cada uno de los siguientes pasos en el perfeccionamiento del uso y la fabricación de herramientas también permitió ahorrar tiempo de trabajo, incrementar la productividad del trabajo, mejorar las condiciones de vida y aumentar las capacidades intelectuales humanas. La fuerza motriz de la historia humana proviene de la mayor productividad del trabajo, fruto de los decisivos avances en técnicas y herramientas de producción.

Esto se puede ver con el desarrollo de la caza. Al principio, los seres humanos, por lo general, solo podían atrapar animales pequeños y de movimientos lentos. El consumo frecuente de caza mayor fue posible gracias a la invención de armas de caza como el venablo, la azagaya, el propulsor y el arco y flecha. Este último implemento fue el primero capaz de almacenar energía para liberarla en el momento deseado. Todos aumentaron el alcance y la fuerza de los cazadores primitivos y les permitieron matar animales más grandes y más rápidos.

Todas las herramientas manuales básicas que se usan hoy día —el hacha, la azuela, el cuchillo, el punzón, el raspador, el cincel, la sierra— se inventaron durante la Edad de Piedra. El bronce, el primer metal, no reemplazó la piedra como material preferido para fabricar herramientas sino hasta hace unos 3,500 años. El metal no solo dio a las herramientas un filo mayor y más duradero, sino que permitió volver a afilarlas en vez de desecharlas cuando se mellaban.

Durante el período en que las herramientas de bronce fueron los principales instrumentos de producción, se elaboraron medios y normas de medición, se desarrollaron las matemáticas y la topografía, se calculó un calendario y se hicieron grandes avances en la escultura. Aparecieron inventos básicos como el torno de alfarero, la balanza, el arco de dovelas, los barcos a vela y las botellas de vidrio.

Hace unos 2,500 años el hierro, que es el metal más duradero, abundante y barato, comenzó a desplazar el bronce en la fabricación de herramientas. Al ser predominantes, las herramientas de hierro dieron un gran impulso a la productividad y a las técnicas agrícolas y artesanales. Permitieron cultivar más alimentos y fabricar mejores ropas y viviendas con menos inversión de tiempo y energía, y dieron origen a muchas comodidades y amenidades. Las herramientas de hierro hicieron posibles muchos de los logros de Grecia y Roma, desde el Acrópolis de Atenas hasta los túneles, puentes, alcantarillados y edificios romanos.

La energía para aplicar todos estos medios y modos de producción provenía exclusivamente de la fuerza muscular humana, lo cual, tras la domesticación de rebaños, se complementó hasta cierto punto con la tracción animal. La revolución industrial del siglo XVIII se basó en el uso de energía proveniente de otras fuentes: de combustibles fósiles como el carbón. La combinación de la fuerza mecánica generada por los motores de vapor, las máquinas-herramienta, los implementos mejorados y la maquinaria para la producción, sumada al mayor uso del hierro y del acero, han multiplicado la capacidad productiva de la sociedad hasta llegar a su nivel actual. Hoy día, los principales órganos materiales de nuestra industria y agricultura son máquinas y herramientas que funcionan con energía mecánica y eléctrica.

Las máquinas-herramienta más modernas se desarrollaron a partir de sencillas herramientas manuales. Al usar estas, los seres humanos empezaron a comprender y aprovechar las ventajas de la palanca, la polea, el plano inclinado, la rueda y el eje, y el destornillador para multiplicar su fuerza. Posteriormente, estos principios físicos se combinaron para aplicarlos a la fabricación de máquinas-herramienta.

Todo este desarrollo de la tecnología está orgánicamente vinculado al desarrollo de las capacidades intelectuales de la humanidad y es el responsable fundamental del mismo. Esto se señala en el siguiente párrafo explicativo de la exposición de la compañía DoAll:

> Las máquinas-herramienta realizan de maneras complejas las mismas funciones y operaciones básicas que las herramientas manuales. Estas funciones básicas fueron establecidas por las herramientas de piedra creadas por el hombre primitivo. Fue mediante el diseño y el uso de piedras talladas a mano que la humanidad desarrolló las capacidades de coordinación mental y física… y esto, a su vez, aceleró el aumento de sus capacidades mentales.

Dichas ideas sobre la influencia de la tecnología en el pensamiento, tomadas de la publicación de una respetable empresa capitalista, son parecidas a las que se encuentran en los escritos de Marx y Engels. Los controladores del pensamiento pretenderán expulsar el materialismo histórico por la puerta socialista, pero aquí se vuelve a colar por una ventana capitalista.

~

La exposición DoAll demuestra que la evolución de las herramientas, al ordenarse cronológicamente, tiene un

La mujer, el trabajo social y el nacimiento de la civilización

Las mujeres adquirieron su papel protagónico en la sociedad primitiva no solo por ser procreadoras de la nueva vida sino porque, a raíz de esta función, fueron las productoras primordiales de las necesidades de la vida. En el transcurso de la lucha para sobrevivir y alimentar y criar a los hijos, emprendieron el camino de la actividad laboral, y esta nueva función las hizo fundadoras y dirigentes de la primera forma de vida social.

Cabe señalar la amplia gama de actividades productivas de las mujeres primitivas y su papel esencial en el ascenso de la humanidad desde la economía salvaje. Durante el período en que los hombres se dedicaban a la caza a tiempo completo, las mujeres desarrollaron la mayoría de las herramientas, habilidades y técnicas elementales que son la base del avance social.

Progresaron desde la recolección de alimentos hasta la horticultura simple y después la agricultura. A partir de las diversas técnicas que elaboraron —alfarería, fabricación de cuero y tejidos, construcción de viviendas, entre otras— desarrollaron los elementos básicos de la botánica, la química, la medicina y otras ramas científicas.

Según lo demostró Engels, fue mediante actividades productivas que la humanidad nació del mundo animal. Y fue su mitad femenina la que inició estas actividades y a quien se debe atribuir la mayor parte de este gran acto de creación y elevación de la humanidad.

EVELYN REED
Problemas de la liberación de la mujer

orden ascendente, desde las herramientas manuales de madera y piedra, pasando por las herramientas manuales de metal, hasta las máquinas-herramienta eléctricas. ¿Es igualmente posible distinguir correspondientes etapas sucesivas en la organización social?

El materialismo histórico responde que "sí" a esa pregunta. En el sentido más amplio —y toda gran división de la historia puede subdividirse para propósitos específicos— se pueden distinguir tres etapas fundamentales en el avance de la humanidad de la fase animal al presente. Desde la fundación de los estudios antropológicos a mediados del siglo XIX, estas tres etapas se han denominado comúnmente: salvajismo, barbarie y civilización.

Se ha dicho que un ejército marcha al ritmo de su estómago. Así ha sido con la marcha del ejército de la humanidad. La búsqueda de alimentos ha sido el objetivo primordial de la producción social en todos los tiempos, puesto que los seres humanos no pueden sobrevivir, y mucho menos progresar, sin satisfacer su hambre con regularidad.

Por tanto, las principales épocas del avance de la humanidad pueden dividirse de acuerdo a los adelantos decisivos en el aseguramiento de alimentos.

El salvajismo —la infancia de la humanidad— es el período en que la población depende para su alimentación de lo que la naturaleza brinda ya listo para comer. Su alimento puede provenir de las plantas como las frutas o raíces, de insectos, de aves o animales, o de productos de la costa o del mar. En esta etapa, los humanos buscan sus alimentos igual que los animales de presa, o escarban como otros animales, pero con dos diferencias cruciales: cooperan entre sí, y emplean herramientas rudimentarias junto con otros medios productivos a fin de "apropiarse" de los medios de sustento para el uso colectivo.

Las principales actividades económicas en esta etapa son la recolección de alimentos, la caza y la pesca, desarrolladas en esa secuencia. La maza y la lanza le permiten al salvaje obtener la materia prima para su alimentación, su ropa y vivienda, toda proveniente de los cuadrúpedos. La red atrapa los peces y el fuego los prepara para el consumo. Los pueblos indígenas del sur de California se encontraban en esta etapa cuando llegaron los primeros colonos europeos en la década de 1760.

La barbarie es la segunda etapa de la organización social. Se basa en la domesticación de animales y el cultivo de plantas. Los alimentos ya no simplemente *se recogen* sino *se producen*. La domesticación de las vacas, las ovejas, los cerdos y otros animales proporcionó reservas de carne, así como leche de las cabras y las vacas. La siembra y el cultivo de cosechas crearon un suministro regular y abundante de alimentos.

Esta revolución en la producción de alimentos, que comenzó en Asia hace unos 10 mil años, liberó por primera vez a la humanidad de estar sometida a la naturaleza externa. Hasta ese momento, los humanos habían dependido de lo que encontraban en el medio natural para satisfacer sus necesidades, y su supervivencia se subordinaba por completo a condiciones naturales externas que no podían controlar. Pueblos y culturas surgieron, florecieron y sucumbieron —al igual que especies vegetales y animales— ante la benevolencia u hostilidad de la naturaleza que los rodeaba.

Por ejemplo, hace 20 o 30 mil años surgió una sociedad concentrada en lo que hoy es el sur de Francia, la llamada Cultura de los Cazadores de Renos. Prosperaban con la caza de grandes renos y otros cuadrúpedos que pastaban en la exuberante vegetación de la región. Los dibujos que hicieron, descubiertos en cuevas durante el siglo XIX, dan fe de su agudeza visual y mental y de la entrenada sensibilidad de sus manos, ubicándolos entre los mejores artistas que han poblado el planeta. Pero cuando cambiaron las condiciones climáticas y botánicas y desaparecieron las manadas de renos, su cultura se extinguió y probablemente la población también.

Los primeros cazadores no controlaban sus itinerantes fuentes de alimentos. La inseguridad de la vida fue superada en gran medida, o al menos paliada considerablemente, con el comienzo de la cría de animales, y especialmente el desarrollo de técnicas agropecuarias. Por primera vez se instituyeron métodos para obtener amplios y crecientes suministros de fibras y alimentos gracias a la actividad sistemática y sostenida de grupos de trabajo. Esas actividades económicas permitieron la existencia de poblaciones más numerosas y más compactas.

Estas actividades y su acrecida producción brindaron los elementos que hicieron posible la cultura superior de la barbarie. El cultivo de plantas y la cría de ganado condujeron al desarrollo de actividades artesanales como la fundición de metales y la alfarería, al tiempo que la acumulación de alimentos creó por primera vez la necesidad de almacenar y transportar artículos. Los seres humanos se volvieron más sedentarios, las poblaciones se concentraron más, construyeron viviendas permanentes y nació la vida de la aldea.

En su desarrollo final y más avanzado, las actividades económicas del período de la barbarie crearon los requisitos para la llegada de la civilización. La base material de la civilización era la capacidad de los pueblos más avanzados para producir de manera regular una cantidad mucho mayor de alimentos y bienes de lo que necesitaban para mantenerse físicamente.

La sociedad de clases se divide en tres épocas básicas: esclavitud, feudalismo y capitalismo. Se distinguen por la forma dominante de producción que permite que la clase propietaria extraiga la riqueza creada por las masas trabajadoras.

Durante la mayor parte de su existencia, la sociedad humana se basó en subsistencia y trabajo compartido. No existían clases sociales ni un poder estatal represivo. Empezando hace unos 5 mil años, la capacidad de producir un excedente de alimentos dio lugar a la propiedad privada y a las clases sociales con intereses antagónicos: los productores sin propiedad y los propietarios gobernantes.

Arriba: Esclavos en Grecia antigua descargan buque mercante.

Abajo: Siervos cosechan trigo en Inglaterra feudal, principios del siglo XIV.

Estos excedentes tuvieron dos resultados. Permitieron que sectores específicos de las comunidades se dedicaran a actividades diversificadas que ya no eran la adquisición y producción de los medios elementales de vida. Junto con los sacerdotes, nobles, reyes y funcionarios, surgieron especialistas tales como comerciantes, constructores, herreros, alfareros y otros artesanos.

Con la creciente especialización y la ampliación del comercio, las capas superiores de estos sectores ocuparon posiciones estratégicas que permitieron a los más afortunados y poderosos apropiarse personalmente de una gran parte de la riqueza excedente. El afán de acrecentar la riqueza personal —resultado del creciente intercambio de bienes y división social del trabajo— llevó, con el tiempo, al desarrollo de la propiedad privada, la familia, la esclavitud, las divisiones de clase, la producción de mercancías en gran escala, el comercio, el dinero, las ciudades y el estado territorial con su ejército, su policía, sus tribunales y demás relaciones e instituciones características de la civilización.

~

En su evolución hasta nuestro siglo, la sociedad civilizada puede dividirse en tres épocas fundamentales: la esclavitud, el feudalismo y el capitalismo. Cada una se distingue por la manera específica en que la clase propietaria dominante, a la cabeza de la estructura social, logra extraer la riqueza excedente, de la cual vive a costa de la masa trabajadora que crea esta riqueza. Todo este período abarca apenas un poco más que los últimos 5 o 6 mil años.

La civilización surgió y creció sobre la base de la esclavitud directa. Los mismos factores económicos que dieron fin a la época de la barbarie y permitieron la vida civilizada

'Trotsky me enseñó a ser ciudadano del mundo'

Las siguientes palabras de Farrell Dobbs son fragmentos de su testimonio en el juicio celebrado en 1981 en torno a una demanda judicial del Partido Socialista de los Trabajadores que expuso décadas de espionaje y operaciones de desbaratamiento por parte del FBI contra el partido y otras organizaciones políticas. Dobbs, dirigente central de las batallas de sindicalización de los Teamsters en el Medio Oeste durante los años 30, fue secretario nacional del PST de 1953 a 1972. Aquí él describe lo que aprendió sobre dialéctica materialista en sus conversaciones con el dirigente revolucionario ruso León Trotsky en 1940 en México.

Trotsky entendía con mucha perspicacia lo que yo necesitaba. Me enseñó a no ser provinciano en tiempos contemporáneos, sino a ser ciudadano del mundo.

Habló sobre las principales etapas de la evolución de la organización social a lo largo de la historia —la esclavitud, el feudalismo, el capitalismo, etc.— y cómo cada una, al principio, tenía rasgos progresistas. Estas etapas sirvieron, dentro de ciertos límites, para que la humanidad avanzara en sus esfuerzos por mejorar su tecnología y derivar un mejor sustento de los recursos naturales de la Tierra. Pero cada uno de estos sistemas, al ir progresando, llegó a ser una barrera a mayores avances.

Yo le dije: puedo comprender todo eso, menos una cosa. No concibo cómo la esclavitud pudo haber tenido algo de progresista.

Él me señaló que, antes de que surgiera el sistema

de esclavitud, que marcó un salto en el desarrollo de la producción agrícola, la usanza de las tribus en guerra era comer a sus cautivos. Dijo, "A fin de cuentas, es infinitivamente más progresista ser esclavo en el campo que ser el asado para la cena".

Comencé entonces a ver lo que él quería decir sobre la importancia de comprender cuáles eran las condiciones a cada etapa de esta larga evolución de la historia.

2 DE ABRIL DE 1981
FBI on Trial (Juicio contra el FBI)

crearon también las precondiciones materiales para el uso del trabajo esclavo. La división del trabajo basada en la ganadería, el cultivo, la minería de metales y la elaboración de artículos para la venta permitió que las sociedades más avanzadas produjeran más de lo que los trabajadores necesitaban para el sustento.

Esto hizo que la esclavitud por primera vez fuera tanto posible como rentable. Dio un enorme estímulo a los apetitos depredadores de los poseedores individuales de los medios de producción, quienes se esforzaron por adquirir y aumentar sus excedentes de riquezas. La producción con esclavos y propiedad de esclavos se convirtió en la base económica de un nuevo tipo de organización social, una fuente de supremo poder, prestigio y privilegios. Y terminó por reconfigurar toda la estructura de la vida civilizada.

La esclavitud fue una creación humana de gran trascendencia, y es un fenómeno distintivamente humano. Los animales pueden alimentarse de los cadáveres de otros animales, pero no viven de excedentes creados por estos. Si bien toda manifestación contemporánea de servidumbre nos provoca una justa indignación y ansiamos eliminar sus últimos vestigios, hay que reconocer que la esclavitud, en su apogeo, tuvo razones imperativas para existir y persistir.

La ciencia exige que todo fenómeno sea abordado, analizado y evaluado con objetividad, poniendo de lado las reacciones personales de admiración o rechazo. El materialismo histórico debe explicar por qué la esclavitud llegó a ser adoptada por los contingentes más avanzados de la humanidad.

La razón principal es que, junto con la propiedad privada de los medios de producción y el creciente intercambio de sus productos, la mano de obra esclava aumentó las fuerzas productivas, multiplicó la riqueza, el confort y la cultura —aunque solo para unos pocos afortunados— y en general impulsó el avance de la humanidad durante todo un período histórico. Sin el trabajo esclavo en gran escala, no habrían existido suficientes incentivos para acumular riquezas a tal nivel que se pudiera usar esa forma de trabajo para aumentar los procesos productivos.

La necesidad histórica de la esclavitud puede ilustrarse de dos maneras. Los pueblos que no adoptaron el trabajo esclavo no alcanzaron la civilización, por más notables que fueran sus demás cualidades y logros. Permanecieron por debajo de ese nivel porque su economía carecía del impulso inherente de la codicia y la necesidad del esclavista de explotar al esclavo para aumentar sus riquezas. Esta es la demostración negativa.

Pero además existe una prueba más positiva. Los estados basados en alguna forma de servidumbre —incluidas las culturas más esplendorosas de la antigüedad, desde Babilonia hasta Egipto, Grecia y Roma— fueron también los que más aportaron a los procesos civilizatorios: desde la carreta con ruedas y el arado, hasta la escritura y la filosofía. Estas sociedades marcaron el camino principal del progreso social.

Pero si bien existían razones suficientes para que la esclavitud fuera el inicio y la base de la civilización antigua, con el tiempo generó a su vez las condiciones y fuerzas que la socavarían y derribarían. Una vez que la esclavitud se convirtió en la forma predominante de producción en la industria, como en Grecia, o en la agricultura, como en Roma, dejó de propiciar el desarrollo de las técnicas agrícolas, el artesanado, el comercio o la navegación. Los antiguos imperios esclavistas se estancaron y se desintegraron hasta que, tras un lapso de varios siglos, fueron reemplazados por dos tipos principales de organización feudal: la asiática y la de Europa Occidental.

Gracias a una larga lista de avances tecnológicos y sociales, junto con una serie de circunstancias históricas excepcionales, la Europa feudal se convirtió en incubadora de la próxima gran etapa de la sociedad de clases: el capitalismo. ¿Cómo y por qué se originó el capitalismo?

Una vez que el dinero surgió de la expansión del comercio hace varios milenios, fue posible usarlo como capital. Los comerciantes podían aumentar su riqueza comprando bienes baratos y vendiéndolos caros, y los prestamistas y los poseedores de hipotecas podían obtener intereses sobre las sumas prestadas con la garantía de tierras u otros bienes colaterales. Esas fueron prácticas comunes en las sociedades esclavistas y feudales.

Pero si bien el dinero podía emplearse en las épocas precapitalistas para recuperar un monto superior a la inversión inicial, otras condiciones tenían que cumplirse para que el capitalismo se estableciera como sistema económico mundial definido y distinto. La condición esencial era un tipo especial de transacción, repetida sistemáticamente a escala creciente. Un gran número de trabajadores sin propiedad, para ganarse el sustento, tenían que vender su fuerza de trabajo a los poseedores del dinero y de otros medios de producción.

La innovación trascendental en la que se basó el capitalismo fue la enorme expansión del trabajo asalariado como relación de producción predominante.

Contratar y despedir nos parece hoy una manera normal de llevar a cabo la producción. Pero esto era desconocido por pueblos tales como los indígenas de Norteamérica. Antes de la llegada de los europeos, ningún indígena trabajaba para un patrón (la palabra misma en inglés, *boss*, fue importada por los holandeses), porque todos poseían los medios necesarios para su propio sustento. El esclavo podía haber sido comprado, pero pertenecía al amo y trabajaba para él durante la totalidad de su vida. El siervo o arrendatario feudal también estaba ligado de por vida al señor y a sus tierras.

La innovación trascendental sobre la que se basó el capitalismo fue la enorme expansión del trabajo asalariado como relación de producción predominante. La mayoría de ustedes ha concurrido al mercado laboral —a una agencia de empleo u oficina de personal— para conseguir un comprador de su fuerza de trabajo. El patrón compra esa fuerza pagando la tasa salarial vigente —por hora, por día o por semana— y después la aplica, bajo su supervisión, a la producción de mercancías que su compañía vende con ganancia. Esa ganancia se deriva del hecho de que los trabajadores asalariados producen más valor de lo que el capitalista les paga a cambio de su fuerza de trabajo.

Hasta el siglo XX, este mecanismo para extraer el plustrabajo (trabajo excedente) de las masas trabajadoras y transferir al capitalista el excedente de la riqueza que ellas crean fue el propulsor más potente de las fuerzas productivas y la expansión de la civilización.

El capitalismo, como sistema económico distintivo, se remonta apenas a principios del siglo XVI; en ese tiempo ha conquistado el mundo y transitado desde el alba hasta el ocaso. Es una breve vida comparada con la época del salvajismo, que se extendió por un millón de años o más, o con la época de la barbarie, que predominó durante 4 o 5 mil años. Obviamente, los procesos de transformación social se han acelerado mucho en tiempos modernos.

Esta aceleración del progreso social se debe en buena medida a la propia naturaleza del capitalismo, que revoluciona continuamente sus técnicas de producción y toda la gama de relaciones sociales que emanan de estas. Desde su origen, el capitalismo mundial ha pasado por tres fases de transformación interna. En su período de formación, los comerciantes eran la clase capitalista predominante, porque el comercio era la principal fuente de acumulación de riqueza. Bajo el capitalismo comercial, la industria y la agricultura —los pilares de la producción— no se basaban en el trabajo asalariado sino en la artesanía en pequeña escala, la producción campesina y el trabajo de esclavos o siervos.

La era industrial se inauguró hacia principios del siglo XIX con la aplicación de la energía de vapor a los primeros procesos mecanizados, que concentraron a un gran número de obreros asalariados en las fábricas. Los capitanes capitalistas de la industria en gran escala se convirtieron en amos de la esfera de la producción, y más tarde de países y continentes enteros, a medida que sus riquezas, sus legiones de asalariados y su poder político y social alcanzaron proporciones extraordinarias.

Esta vigorosa fase de expansión, progreso, confianza y competencia del capitalismo industrial dominó el siglo XIX. Después se convirtió en el capitalismo monopolista del siglo XX, que ha llevado todas las tendencias básicas del capitalismo —especialmente sus rasgos más reaccionarios— a los extremos en sus relaciones económicas, políticas, culturales e internacionales.

Por una parte, los procesos productivos se han vuelto más centralizados, más racionalizados, más socializados. Por otra parte, los medios de producción y la riqueza del mundo se han concentrado en gigantescos complejos financieros e industriales. En tanto están implicados los sectores capitalistas de la sociedad, este proceso ha llegado al punto de que los monopolios capitalistas de un solo país, Estados Unidos, en gran medida dictan sus órdenes a los demás.

~

La pregunta más importante que hay que plantearse a estas alturas es la siguiente: ¿Cuál es el destino del desarrollo de la civilización en su forma capitalista? Dejando de lado opiniones intermedias que en el fondo evaden la respuesta, se imponen dos criterios irreconciliables que corresponden a las perspectivas mundiales de dos clases opuestas.

Los voceros del capitalismo afirman que no hay nada más que hacer sino perfeccionar su sistema tal como es, y que ese sistema puede seguir andando indefinidamente. La compañía DoAll, por ejemplo, que publicó ese folleto tan instructivo sobre la evolución de las herramientas, declara que más y mejores máquinas-herramienta —que los dueños esperan poder vender con buenas ganancias— garantizarán el progreso y la prosperidad de Estados Unidos capitalista sin el menor cambio en las relaciones de clase vigentes.

Los socialistas dan una respuesta rotundamente distinta, a partir de un análisis incomparablemente más profundo, correcto e integral del movimiento de la historia, la estructura del capitalismo y las luchas que hoy estremecen el mundo que nos rodea. La función histórica del capitalismo no es perpetuarse para siempre, sino crear las condiciones y preparar las fuerzas que llevarán a que sea reemplazado por una forma más eficiente de producción material y un tipo superior de organización social.

Tal como el capitalismo suplantó el feudalismo y el esclavismo, y la civilización barrió con el salvajismo y la barbarie, ha llegado el momento para que el capitalismo sea reemplazado. ¿Cómo se logrará esta transformación revolucionaria, y quién la efectuará?

En el siglo XIX, Marx hizo un análisis científico de las operaciones del sistema capitalista que explicaba cómo sus propias contradicciones internas conducirían a su caída. A partir de 1917 las revoluciones están demostrando en la vida real que al capitalismo le toca ser relegado al museo de antigüedades. Vale la pena comprender las inexorables causas subyacentes de estas realidades que tan inexplicables y abominables les parecen a los defensores del sistema capitalista.

El capitalismo ha producido muchas cosas, buenas y malas, en el transcurso de su evolución. Pero la más vital y valiosa de todas las fuerzas sociales que ha creado es la clase obrera industrial. La clase capitalista ha creado un vasto ejército —centralizado y disciplinado— de trabajadores asalariados, y lo ha puesto en marcha para sus propios fines: para producir y operar las máquinas, fábricas

El capitalismo ha producido muchas cosas, tanto buenas como malas, durante su evolución. La fuerza social más vital que ha creado es la clase trabajadora.

Obreros en fábrica de locomotoras Putilov en Petrogrado, Rusia, se reúnen para elegir diputados al soviet (consejo) municipal, organismo local del nuevo gobierno revolucionario de trabajadores y campesinos.

En octubre de 1917, los trabajadores y campesinos del antiguo imperio ruso derrocaron el dominio de los capitalistas y latifundistas y tomaron el poder estatal. Dirigidos por el Partido Bolchevique, emprendieron una revolución socialista que comenzó a transformar las relaciones económicas y sociales para beneficio de la gran mayoría.

y otras instalaciones de producción y transporte de las cuales emanan sus ganancias.

La explotación y los abusos —inherentes a la organización capitalista de la vida económica— empujan a los trabajadores una y otra vez a organizarse y emprender acciones combativas para defender sus intereses más elementales. La lucha entre estas dos clases sociales antagónicas es hoy día la fuerza dominante y motriz de la historia del mundo y de Estados Unidos, al igual que el conflicto entre las fuerzas encabezadas por la burguesía contra los elementos precapitalistas fue la fuerza impulsora de la historia en los siglos inmediatamente anteriores.

La lucha actual, que ha ido cobrando ímpetu y ampliando su alcance desde mediados del siglo XIX, ha entrado en su fase decisiva a escala mundial.

Hasta ahora las mayores batallas preliminares para establecer un orden económico y social libre de la explotación, la compulsión y la expropiación privada de los frutos de nuestro trabajo —un orden mundial socialista— se han librado en países más allá del hemisferio occidental.

Pero tarde o temprano, estas batallas están destinadas a estallar y a librarse en este país, que no solamente es el baluarte del poder capitalista, sino el país donde se encuentra la clase trabajadora más organizada y técnicamente más capaz del planeta.

La principal línea de desarrollo en Estados Unidos, así como el curso de la historia mundial, apuntan a esa conclusión. ¿Por qué?

El curso fundamental de la historia norteamericana

George Novack

Hemos repasado la trayectoria por la cual la humanidad dejó atrás el estado animal, y hemos examinado los pasos sucesivos en ese avance. La humanidad tuvo que arrastrarse a gatas por el período del salvajismo durante un millón de años o más, caminar por la época de la barbarie y después, con la espalda encorvada y la cabeza gacha, entrar por los portones de hierro a la sociedad de clases.

Allí, durante miles de años, la humanidad ha aguantado un duro aprendizaje bajo el látigo y régimen de la propiedad privada, que comenzó con la esclavitud y alcanzó su forma más alta en la civilización capitalista. Hoy día nuestra época se encuentra, o más bien lucha, a las puertas del socialismo.

Pasemos ahora del progreso histórico de la humanidad en su conjunto a examinar una de sus partes: Estados Uni-

La segunda de dos charlas presentadas en septiembre de 1955 en la escuela-campamento de la Costa Occidental del Partido Socialista de los Trabajadores, que se realizó cerca de Los Ángeles.

dos de América. Dado que el imperialismo estadounidense es el baluarte del sistema capitalista internacional, el papel del pueblo norteamericano es esencial para determinar con qué rapidez y efectividad la humanidad atravesará la gran brecha entre la sociedad de clases del pasado y la reorganización y revitalización del mundo siguiendo un camino socialista.

Intentaré dar breves respuestas a las siguientes cuatro preguntas: ¿Cuál ha sido el curso de la historia norteamericana en cuanto a sus elementos esenciales? ¿Cuáles son sus vínculos con la marcha del resto de la humanidad? ¿Cuáles han sido los resultados hasta la fecha? Por último, ¿dónde encajamos nosotros en ese cuadro?

~

La historia de Estados Unidos se divide nítidamente en dos épocas fundamentalmente distintas. Una es la época de los habitantes autóctonos, los indígenas. La otra comienza con la llegada de los europeos al continente americano a fines del siglo XV.

Aún son inciertos los inicios de la actividad humana en el Hemisferio Occidental. Pero se supone que hace unos 20 o 30 mil años, asiáticos de la Edad de Piedra temprana cruzaron el Estrecho de Bering, gracias a condiciones climáticas favorables que unieron Alaska con Siberia, y avanzaron lentamente por América del Norte, Central y del Sur. A lo largo de los milenios, los primeros habitantes de América elaboraron su existencia.

El que considere a los indígenas insignificantes o incompetentes tiene un juicio histórico defectuoso. La humanidad ha ascendido a su presente estado gracias a cuatro ramas de actividad productiva. La primera es la recolección de alimentos, tanto la búsqueda de raíces y frutos silvestres como la caza y la pesca. La segunda es la cría de animales.

La tercera es la agricultura. La cuarta es la artesanía, que ha evolucionado hasta la industria en gran escala.

Los indígenas eran sumamente diestros en la caza, la pesca y otras formas de recolección de alimentos. Eran artesanos ingeniosos cuyo trabajo en ciertos ámbitos nunca ha sido superado. Los incas, por ejemplo, fabricaban telas sumamente finas en su textura, colorido y diseño. Inventaron y emplearon más técnicas en sus telares de mano que cualquier otro pueblo en la historia.

Sin embargo, fue en la agricultura donde los indígenas demostraron su mayor talento. Puede que hayan inventado de manera independiente el cultivo del suelo. En todo caso lo perfeccionaron hasta lograr un alto grado de diversificación. A los indígenas americanos les debemos la mayoría de las hortalizas que hoy día llegan de los campos a las cocinas y terminan en nuestras mesas. Las más importantes son el maíz, la papa y el frijol, pero la cuantiosa lista incluye también el tomate, el chile, la piña, el maní, el aguacate y el tabaco.

Ellos conocían y utilizaban las propiedades de 400 especies de plantas. Ninguna de las plantas que cultivaban los aborígenes americanos era conocida en Asia, Europa o África antes de la invasión europea de América.

Mucho se escucha sobre todo lo que los europeos aportaron a los indígenas, pero muy poco sobre lo que los indígenas brindaron a los europeos. La introducción de las plantas alimenticias tomadas de los aborígenes duplicó con creces el suministro de alimentos en el viejo continente después del siglo XV y fue un factor importante en la expansión de la civilización capitalista. ¡Más de la mitad de los productos agrícolas que hoy se cultivan en el mundo provienen de plantas domesticadas por los indígenas!

Desde el siglo I hasta el siglo XV, los indígenas desarrollaron culturas extraordinarias —hasta asombrosas— a

'Colón descubrió el camino al mundo'

Palabras de Armando Hart, uno de los principales dirigentes de la Revolución Cubana y ministro de cultura por muchos años. Hart habló en un evento en octubre de 1992 en Holguín, Cuba, que conmemoraba el 500 aniversario de la llegada de Cristóbal Colón a las Américas.

Este es un acontecimiento digno de celebrarse. Como todos los grandes acontecimientos, está cargado de contradicciones. Pero no se puede negar que inauguró una época en la historia de la humanidad.

Colón no descubrió un "mundo nuevo", porque ya existía desde que, por el Estrecho de Bering, nuestros más antiguos antecesores llegaron a lo que hoy son las Américas.

Antes de 1492 no había mundo en el sentido moderno. Se le llamaba mundo a un fragmento de la Tierra.

Colón merece nuestro respeto, nuestro recuerdo, porque lo que realmente descubrió hace cinco siglos fue el camino al mundo. Fue un descubrimiento mayor al imaginado por el Almirante.

Tal hecho, a su vez, generó también una acción de conquista, el exterminio de la población aborigen y la ampliación de la esclavitud. Llevó al crecimiento del capitalismo en una vasta parte del mundo.

Además de Cristóbal Colón, debemos recordar la figura del cacique taíno Hatuey, que vino de Santo Domingo para luchar contra los conquistadores y murió en tierras del Oriente cubano. En la resistencia frente a los efectos de la conquista, también se encuentra fray Bartolomé de las Casas. Esta resistencia finalmente generó el movimiento independentista de América y su liberación del yugo de las potencias europeas.

partir de sus avances agrícolas. La agricultura permitió que algunas de las tribus cazadoras, dispersas y nómadas, se congregaran en asentamientos pequeños pero permanentes, donde se sostenían con el cultivo de maíz, frijoles y otras verduras. También cultivaban y tejían el algodón, se dedicaban a la alfarería y elaboraban otras artesanías.

Los incas de los Andes, los mayas de Guatemala y Yucatán y los aztecas de la región central de México —sin influencia de la civilización europea y siguiendo un desarrollo independiente— fueron las sociedades autóctonas más avanzadas. Sus culturas expresaron la cumbre de lo que los indígenas lograron alcanzar durante los aproximadamente 25 mil años que la historia les asignó. De hecho, los mayas habían hecho cálculos matemáticos y astronómicos más complejos y avanzados que los de los invasores europeos. De manera independiente habían inventado el cero en su sistema numérico, cosa que ni los griegos o los romanos habían logrado.

Los indígenas avanzaron hasta la etapa media de la barbarie y fueron detenidos ahí. Si hubieran ascendido o no hasta la civilización —sin límites de tiempo o la interferencia de pueblos más poderosos y productivos— es una interrogante que quedará sin respuesta.

Lo que sí podemos afirmar es esto: habrían tenido que superar obstáculos formidables. Los indígenas no tenían animales domesticados tan importantes como el caballo, la vaca, el cerdo, la oveja o el búfalo de agua, los cuales habían arrastrado a los asiáticos y europeos hacia la civilización. Solo contaban con el perro, el pavo, el cobayo (conejillo de indias) y —en los Andes— con la llama, la alpaca y en ciertos lugares las abejas. Además, no empleaban la rueda salvo para juguetes, no conocían el uso del hierro o de las armas de fuego, y carecían de otros requisitos para un nivel de productividad que permitiera dar origen a la propiedad privada.

Sin embargo, la historia en la otra parte del planeta decidió esta cuestión definitivamente. Mientras los indígenas más avanzados habían ido progresando de cazadores nómadas a pobladores de comunidades asentadas, los europeos —descendientes a su vez de la cultura asiática— no solo habían alcanzado la sociedad de clases sino que sus segmentos más progresistas, en las costas del Atlántico, ya estaban pasando del feudalismo al capitalismo.

Este desarrollo desigual de las sociedades del Viejo y del Nuevo Mundo preparó el escenario para el segundo gran hito de la historia americana. ¿Cuál fue el significado esencial de las convulsiones que se desencadenaron con el cruce del Atlántico por los europeos occidentales? Representó la transición de la Edad de Piedra a la Edad de Hierro en América: de la barbarie a modos de vida civilizados, de la organización tribal basada en prácticas colectivistas a una sociedad arraigada en la propiedad privada, la producción para el intercambio, la familia, el estado, etc.

Pocas escenas en la historia son más dramáticas e instructivas que el enfrentamiento y conflicto entre los indígenas —representantes de la vida comunal de la Edad de Piedra— y los agentes armados de la civilización de clase. La ciencia ficción nos habla de visitas a este planeta de marcianos en platillos voladores. Para los indígenas, las primeras visitas de los europeos de piel blanca no fueron menos pasmosas e incomprensibles.

Estos hombres tenían costumbres, normas y modos de vida completamente ajenos a los de los autóctonos. Eran extraños en su apariencia física y su conducta. Las diferencias eran incluso tan profundas que resultaron irreconciliables. ¿Cuál fue la causa fundamental del choque prolongado y fatal entre ellos? Representaban dos niveles completamente incompatibles de organización social que habían surgido de condiciones disímiles y se dirigían hacia metas totalmente distintas.

Hasta en su apogeo, la vida aborigen se basaba en el colectivismo tribal y su tecnología rudimentaria. La psicología del indígena fue formada por esas realidades sociales. No solo carecían de la rueda, el hierro y el alfabeto. Tampoco contaban con las instituciones, las ideas, los sentimientos o los objetivos de pueblos formados a través de los milenios por la tecnología y cultura de una sociedad adquisitiva. Esas condiciones habían creado un tipo muy especial de ser humano como producto característico de una civilización basada en la propiedad privada.

Los indígenas con el mayor nivel de desarrollo subsistían con la agricultura. Pero su agricultura no se basaba en el mismo modo económico que el de los recién llegados. Los principales medios de producir alimentos mediante el cultivo pertenecían a toda la tribu, y no existían dueños individuales que pudieran reclamar el control de su producción o distribución. Así era también con el medio fundamental de producción: la tierra misma. Cuando los europeos llegaron a estas costas, entre el Atlántico y el Pacífico no había ni un palmo de tierra del que alguien pudiera afirmar: "Esto me pertenece a mí y solo a mí, o a mi familia: los demás, fuera, y manténganse fuera". La tierra era de toda la población.

Era completamente diferente con los europeos, portadores de una etapa nueva y superior de la sociedad. A ellos

"La llegada de Colón a América, como todos los grandes acontecimientos, estuvo cargada de contradicciones. Pero no se puede negar que inauguró una época en la historia de la humanidad. Antes de 1492 no había mundo en el sentido moderno".

—Armando Hart, 1992

MIMMO LIBEFARO/ALAMY

En una conmemoración del 500 aniversario del desembarco de Colón en Cuba, Armando Hart, ministro de cultura cubano, también rindió homenaje a los que resistieron el saqueo y la exterminación de los pueblos autóctonos del Caribe y América Latina.

Hart destacó el legado de Hatuey, cacique taíno que encabezó la resistencia a los conquistadores españoles y fue quemado en la hoguera en Cuba, y de Bartolomé de las Casas, el sacerdote español del siglo XVI que denunció el genocidio de la población indígena.

Arriba, izquierda: Monumento en Baracoa, Cuba, honra a Hatuey. **Arriba, derecha:** Bartolomé de las Casas, retrato del siglo XVIII.

les resultaba natural y necesario —como aún le parece a la mayoría de los ciudadanos de este país— que casi todo lo existente en el mundo pasara a ser propiedad privada de alguien. Se podía comprar y vender la ropa, las viviendas, las armas de guerra, las herramientas, los barcos, hasta a los seres humanos.

En su búsqueda de oro y su ansia de lucro, los conquistadores esclavizaron y mataron a cientos de miles de indígenas americanos.

Fue en su resplandeciente encarnación como metales preciosos que la propiedad privada no solo se convirtió en piedra angular de la existencia terrenal, sino que abrió las puertas del cielo. Colón le escribió a la reina Isabel lo siguiente: "El oro constituye un tesoro, y quien lo posee tiene todo lo que necesita en el mundo, como también los medios de rescatar a las almas del purgatorio y restaurarlas para el disfrute del paraíso". En esa época era literalmente cierto, ya que los católicos ricos podían comprarle indulgencias al Papa por sus pecados. Se dice que Cortés les manifestó a algunos nativos de México: "Los españoles sufrimos una enfermedad del corazón que solo el oro puede curar".

La doctrina de los europeos era que todo debe tener su precio, sea relacionado a la felicidad inmediata o a la salvación futura. Esta idea sigue siendo la pauta de los gobernantes plutocráticos de nuestros días, quienes en sus campañas para dominar el mundo no solo compran a individuos sino a gobiernos enteros. En su búsqueda de oro y ansia de lucro,

Un choque entre dos niveles de desarrollo socio-económico

La guerra entre los pueblos indígenas de Norteamérica y los agresores europeos, que duró 300 años, significó un choque entre dos niveles dispares de desarrollo histórico, dos formaciones socio-económicas fundamentalmente distintas, dos modos de vida, tipos de cultura y visiones del mundo que eran irreconciliables.

La derrota de las tribus aborígenes estaba predeterminada por el nivel incomparablemente mayor de las fuerzas de producción y destrucción, los números, la riqueza y la organización de las clases que formaban la civilización burguesa.

GEORGE NOVACK, 1970
El genocidio contra los indígenas: Su papel en el ascenso del capitalismo en EEUU

Colón y los conquistadores esclavizaron y mataron a cientos de miles de indígenas americanos en las islas caribeñas que habían descubierto. Y eso fue solo el comienzo.

Visto desde la altura de la historia mundial, este hito en América se caracterizó por la combinación de dos procesos revolucionarios. El primero, en la Europa marítima, fue el cambio de una sociedad feudal a una sociedad burguesa. Parte de esta transformación revolucionaria de Europa Occidental fue el impulso hacia el exterior, con los comerciantes capitalistas que extendieron sus operaciones por todo el planeta. Sus expediciones de exploración, comercio y piratería llevaron a los emisarios de la naciente sociedad burguesa de Europa al otro lado del océano y a un choque con las tribus autóctonas. El saqueo de las antiguas culturas de los aztecas y los incas, la esclavización y el exterminio de los pueblos autóctonos por los conquistadores españoles y de otros países, fue una ofensiva colateral de esta revolución europea en nuestro propio continente.

Al extenderse así este proceso revolucionario, los pueblos de la Edad de Piedra en nuestro continente fueron derrotados y suplantados por los representantes más avanzados de la civilización de clase. Este no fue el único continente donde ocurrió ese proceso. Lo que aconteció en el Nuevo Mundo entre los siglos XV y XIX había sucedido mucho antes en la propia Europa Occidental, y habría de penetrar las zonas más remotas del mundo con la extensión del capitalismo a todo el planeta desde esa época hasta nuestros días.

La contienda entre los pueblos de la Edad de Piedra y los representantes de la época burguesa fue feroz. Sus guerras en América se extendieron a través de cuatro siglos y terminaron con la desintegración, el despojo o la destrucción de las culturas prehistóricas y con la supremacía indiscutible de la sociedad de clases.

Con la llegada de los europeos, junto con los africanos esclavizados que ellos trajeron aquí, la historia de Estados Unidos cambió a un carril completamente diferente, un nuevo curso signado por las necesidades de un capitalismo mundial joven y en expansión.

~

Llegamos ahora a una pregunta crucial: ¿Cuál ha sido el curso principal del crecimiento de Estados Unidos desde 1492? Se han ofrecido varias respuestas: el desarrollo de la independencia nacional, la propagación de la democracia, el ascenso del hombre común o la expansión de la industria. Cada una de esas conocidas fórmulas que se enseñan en las escuelas refleja una faceta del proceso, pero ninguna va a la esencia del problema.

La respuesta correcta es que, a pesar de algunos desvíos a lo largo del camino, el curso principal de la historia de Estados Unidos ha sido la construcción y consolidación de la civilización capitalista, llevada a su máxima expresión en nuestros días. Todo intento de explicar el desarrollo de la sociedad estadounidense desde el siglo XVI se topa con este hecho.

El descubrimiento, la exploración, el poblamiento, el desarrollo agrícola, la explotación, la democratización y la industrialización del continente norteamericano: todos deben ser vistos como pasos sucesivos que fomentaron la edificación de la sociedad burguesa.

Esta es la única interpretación de los acontecimientos decisivos de los últimos cinco siglos en Norteamérica que tiene sentido, que da continuidad y coherencia a nuestra compleja historia, que distingue la corriente principal de las tributarias y que se ve confirmada por el desarrollo de la sociedad estadounidense. Todos los aspectos de nuestra historia nacional necesitan ser asociados y vinculados al proceso de establecer el modo de vida capitalista en su forma más pronunciada, y hoy día más nociva.

Esto a veces lo llaman "el modo de vida americano". Más realista y honesto sería caracterizarlo como el modo de vida capitalista, ya que, según indicaré, está destinado a ser solo una expresión históricamente limitada y transitoria de la vida civilizada en Estados Unidos.

La importancia decisiva de la formación y transformación de la sociedad burguesa puede demostrarse de otra manera. ¿Cuál es la peculiaridad más notable de la historia de Estados Unidos desde la llegada de los europeos?

La historia del país ha tenido muchas peculiaridades; en varios sentidos, este es un país muy peculiar. Pero lo que distingue la vida de Estados Unidos del desarrollo de otras grandes naciones del mundo es que el crecimiento y la construcción

Cuando los europeos llegaron a América, no había ni un palmo de tierra del que alguien pudiera afirmar: "Esto me pertenece a mí y solo a mí".

Indígenas sioux cazan búfalos en las Grandes Llanuras de Norteamérica, década de 1830, pintado por el artista estadounidense George Catlin.

Los europeos que llegaron a Norteamérica trajeron relaciones económicas y sociales incompatibles con la organización preclasista de los pueblos autóctonos. A través de tres siglos, las guerras de exterminio acabaron con la "organización tribal basada en prácticas colectivistas y llevaron a una sociedad fundada en la propiedad privada, la producción para el intercambio, la familia y el estado". Se consolidó el capitalismo en Estados Unidos.

de la sociedad norteamericana ocurrieron completamente dentro de la época de la expansión global del capitalismo. Esa es la clave para comprender la historia de Estados Unidos, sea su historia colonial, la del siglo XIX o la del siglo XX.

No es el caso de otros grandes países como Inglaterra, Alemania, Rusia, India, Japón o China. Esos países atravesaron largos períodos de civilización esclavista o feudal que dejaron su huella hasta el día de hoy. Basta recordar cómo el general norteamericano Douglas MacArthur preservó esa reliquia feudal, el emperador de Japón, tras la Segunda Guerra Mundial. O podemos señalar ese deleite del suplemento dominical del periódico, la monarquía inglesa.

En cambio, Estados Unidos dio un salto del salvajismo y la barbarie al capitalismo, dando reconocimiento de paso a la esclavitud y al feudalismo, que no ocuparon más que un papel subordinado en el desarrollo del sistema burgués. En un par de siglos, los norteamericanos atravesaron rápidamente las etapas de desarrollo social que al resto de la humanidad le tardó muchos milenios. Pero hubo una íntima interconexión entre estos dos procesos. Si el resto de la humanidad no hubiera alcanzado ya esas conquistas, los estadounidenses no habríamos podido adelantarnos tanto y tan rápido. Las tareas de los pioneros son invariablemente más duras y toma mucho más tiempo realizarlas.

La fusión de la revolución antifeudal en Europa con las guerras de exterminio contra los indígenas abrió la puerta a la época burguesa de la historia de Estados Unidos. Este período se ha extendido por cinco siglos. Se divide en tres fases definidas, cada una signada por cambios revolucionarios en la vida del país.

~

El primer período es el colonial, que se extiende desde 1500 hasta la ratificación de la Constitución de Estados Unidos en 1787–89. Si analizamos las formas sociales y fuerzas económicas de la vida norteamericana durante esos tres siglos, el período colonial, que formó nuestra civilización, se caracteriza como una mezcla excepcional de agentes precapitalistas con nacientes formas y fuerzas capitalistas de producción.

En la Norteamérica colonial, la pregunta fundamental era: ¿cuáles iban a prevalecer, las fuerzas precapitalistas o las capitalistas?

El colectivismo tribal de los indígenas estaba siendo transformado, desplazado, aniquilado. Restos del feudalismo fueron importados de Europa y trasplantados aquí. Los ranchos del sur de California a principios del siglo XIX habían sido precedidos por baronías coloniales; colonias enteras como Maryland y Pennsylvania estaban en manos de grandes terratenientes que habían recibido el título de propiedad de la monarquía inglesa. Grandes dueños de plantaciones explotaban a trabajadores blancos en servidumbre y a esclavos africanos que en muchos casos constituían la principal mano de obra.

Junto a ellos habían cientos de miles de pequeños agricultores, cazadores, tramperos, artesanos, comerciantes y otros que estaban vinculados a las nuevas formas de propiedad y actividad económica y se veían animados por costumbres, sentimientos e ideas surgidos del capitalismo que avanzaban en Europa y ya comenzaban a florecer de este lado del Atlántico.

La pregunta fundamental planteada por este proceso era: ¿cuáles iban a prevalecer, las fuerzas precapitalistas o las capitalistas? Ese fue el eje de las luchas sociales en las colonias e incluso de las incesantes guerras entre naciones europeas por la posesión del Nuevo Mundo que marcaron el período colonial. Sobre este frente, el choque se produjo entre 1763 y 1789, período en el cual se preparó, se inició, estalló y concluyó la Primera Revolución Norteamericana. Fue la primera etapa de la revolución democrático-burguesa en este continente.

Asumió la forma de una guerra entre los gobernantes y partidarios de Gran Bretaña, por un lado, y, por el otro, las masas coloniales dirigidas por representantes de los comerciantes, banqueros y fabricantes del Norte, y de los hacendados del sistema esclavista del Sur, que era un apéndice del creciente capitalismo nacional. El desenlace de esta contienda decidió la próxima etapa en el destino del capitalismo norteamericano. De haber persistido el dominio británico, podría haber atrofiado y deformado el desarrollo ulterior de la sociedad burguesa en este país, como sucedió en India y África.

La Primera Revolución Norteamericana, con su guerra de independencia, fue un auténtico movimiento popular. Movimientos de ese tipo destruyen gran parte de lo que se pudrió y está listo para la sepultura. Pero ante todo son socialmente creativos, dando pie a instituciones que ofrecen las vías y los medios para el próximo gran adelanto. Así ocurrió con nuestra primera revolución nacional, que está permanentemente arraigada en la conciencia norteamericana e internacional. Sus tradiciones son tan potentes y tenaces que hasta el día de hoy son motivo de vergüenza para los gobernantes capitalistas de este país cuando afrontan a los actuales movimientos anticoloniales de emancipación.

La primera etapa de la revolución democrático-burguesa en Estados Unidos derrocó el dominio reaccionario de la monarquía británica.

Revuelta en Boston en 1765 contra el odiado Impuesto a los Sellos de la monarquía inglesa. Mecánicos, portuarios, marineros y artesanos, apoyados por pequeños agricultores, estuvieron a la vanguardia. "No a los impuestos sin representación" fue su grito de batalla.

Tras 10 años de esta resistencia, estalló una guerra popular revolucionaria. Las masas coloniales ganaron la independencia en 1783 y crearon una república. Una alianza de comerciantes, banqueros y fabricantes en el Norte, junto con hacendados esclavistas en el Sur, formaron el nuevo gobierno.

¿Cuáles fueron los logros más notables de la revolución democrático-burguesa norteamericana en esta primera etapa?

Esta derrocó el dominio reaccionario de los 10 mil comerciantes, banqueros, hacendados y fabricantes de Gran Bretaña, quienes, después de dar un estímulo al desarrollo de las colonias norteamericanas, se habían convertido en el mayor obstáculo para su futuro avance. La revolución logró la independencia de las colonias, las unificó y eliminó los vestigios feudales, incluidas las tierras que eran propiedad de la monarquía. Democratizó los estados y les dio una forma republicana de gobierno. Despejó el camino para una rápida expansión de la civilización en sus formas capitalistas autóctonas desde el Atlántico hacia el Pacífico.

La revolución tuvo repercusiones internacionales. Inspiró y protegió movimientos similares durante el próximo siglo en las colonias latinoamericanas, e incluso se irradió hacia el Viejo Continente. Pueden leer el diario de Gouverneur Morris, un jefe financiero del Partido Patriota que en 1792 fue uno de los primeros embajadores de Estados Unidos en Francia. Se encontraba en París vendiendo propiedades norteamericanas a aristócratas franceses amenazados con el exilio por la revolución francesa. Esos clientes se quejaban ante Morris, quien los escuchaba con simpatía, de que si sus compatriotas no hubieran hecho una revolución, los franceses nunca habrían tenido la idea o el valor para hacer lo mismo.

Pero hasta la revolución más profunda no puede ir más allá de lo que le permiten las posibilidades históricas. En las décadas siguientes se manifestaron dos graves deficiencias en la obra de esta primera sublevación. La primera fue que la revolución no eliminó —ni podía eliminar— el suelo donde la institución esclavista tenía sus raíces. Muchos dirigentes de esa época, entre ellos Thomas Jefferson, tenían la esperanza de que la esclavitud se extinguiría por las condiciones económicas desfavorables.

Con la invención de la máquina de vapor, sobre todo para la industria textil, y la desmotadora de algodón, la esclavitud cobró nueva vida.

La segunda deficiencia fue que, si bien la revolución conquistó la independencia política para los estadounidenses, no pudo brindarle a Estados Unidos una independencia completa en el sentido capitalista. Esto tenía dos aspectos. A nivel interno, los capitalistas del Norte tenían que compartir el poder con los esclavistas del Sur, junto a los cuales habían librado la guerra revolucionaria por la independencia y establecido el nuevo gobierno. Y en el mercado internacional, ellos seguían subordinados económicamente a la estructura industrial y financiera de Inglaterra, que era más avanzada.

Los dirigentes de la revolución estaban conscientes de estas deficiencias. El mismo Gouverneur Morris le escribió al presidente George Washington desde París el 30 de septiembre de 1791:

> Haremos… grandes y rápidos avances en las manufacturas útiles. Solo falta eso para completar nuestra independencia. Entonces seremos como un mundo propio y, lejos de las conmociones y guerras de Europa, sus revoluciones

> solo servirán para instruirnos y divertirnos. Será como el rugido de un mar tempestuoso, que a cierta distancia se convierte en un sonido agradable.

No obstante, un raro fenómeno histórico alteró esa agradable perspectiva. Este fenómeno fue resultado de una doble revolución tecnológica; una en Europa, especialmente en la industria inglesa, y otra en la agricultura norteamericana. La introducción de máquinas de vapor en las fábricas inglesas, especialmente en la industria textil, su rama más importante, creó una demanda de grandes cantidades de algodón. La invención de la desmotadora de algodón les permitió a los hacendados del Sur satisfacer esa demanda.

En consecuencia, la esclavitud, que se había ido desvaneciendo, cobró nueva vida. Esta combinación económica les dio una inmensa riqueza y poder a los barones del reino algodonero del Sur. Un estudio de la historia de Estados Unidos muestra que lo que dominó y orientó su vida política y económica durante la primera mitad del siglo XIX fue la lucha por la supremacía que libraron las fuerzas en torno a los esclavistas sureños, por un lado, y a las fuerzas antiesclavistas, por el otro.

El problema social fundamental que enfrentaba la nación no siempre se expresaba de manera abierta. Pero cuando uno buscaba las raíces de todos los demás conflictos, siempre conducía a la misma interrogante: ¿Qué vamos a hacer los estadounidenses respecto a la esclavitud?

(Hoy se da una situación similar con relación al capitalismo. No importa cuál sea la controversia que conmueva la vida político-económica del país, tarde o temprano surge la gran interrogante socioeconómica: ¿Qué vamos a hacer los estadounidenses respecto al capitalismo?)

Durante los primeros 50 años del siglo XIX los aristócratas algodoneros del Sur ocuparon indiscutiblemente

Esclavitud en EEUU: impulsada por el capitalismo, y no al revés

Los siguientes son fragmentos de dos obras de Carlos Marx.

[En economías como las del Sur de Estados Unidos y las colonias caribeñas, basadas en] plantaciones donde desde el comienzo figuran las especulaciones comerciales y la producción está destinada al mercado mundial, existe la producción capitalista, aunque solo en un sentido formal, ya que la esclavitud de los negros excluye el libre trabajo asalariado, base de la producción capitalista.

Pero son *capitalistas* quienes llevan a cabo el comercio en que se utiliza a los esclavos. El modo de producción que ellos introducen no surgió de la esclavitud sino que ha sido injertado en ella. En este caso, el capitalista y el hacendado son una misma persona.

Teorías sobre la plusvalía, 1861–63

El hecho de que a los dueños de plantaciones en América no solo los *llamemos* capitalistas, sino que *son* capitalistas, se debe a que ellos existen como anomalía dentro de un mercado mundial basado en el trabajo libre.

Manuscritos económicos de 1857–58 (Grundrisse)

el centro del escenario. Se volvieron muy arrogantes en cuanto a su poder y sus privilegios, que creían que se prolongarían por tiempo indefinido. Pero alrededor de 1850 las condiciones empezaron a cambiar rápidamente. Apareció una nueva combinación de fuerzas sociales que resultaría suficientemente fuerte, no solo para desafiar el poder esclavista, sino para enfrentarlo en una guerra civil, vencerlo y eliminarlo.

Resulta muy instructivo estudiar la mentalidad y las concepciones del pueblo de Estados Unidos en 1848. Fue un año de revoluciones en los principales países de Europa Occidental. Los norteamericanos, incluidos sus grupos gobernantes, contemplaron esos estallidos con espíritu aislacionista.

Las revoluciones europeas incluso complacieron a ciertos sectores de las clases dominantes estadounidenses porque iban dirigidas principalmente contra monarquías. En Estados Unidos no había monarquías que derrocar, aunque sí una aristocracia esclavista implantada en el Sur. Aunque la mayoría de los norteamericanos comunes y corrientes simpatizaban con las revoluciones europeas, las veían como simplemente una manera de alcanzar lo que ya se había logrado en este país. Los norteamericanos se decían: "Ya tuvimos nuestra revolución y no necesitamos otra. La cuota de revoluciones que nos asignó la historia ya se agotó".

No concebían lo que pasaría en su propio país apenas 15 años más tarde. La revolución democrático-burguesa aún tenía mucho por resolver. En la década de 1850 quedó más evidente que los esclavistas no solo estaban reforzando su autocracia en los estados sureños sino que pretendían esclavizar a toda la población de Estados Unidos. Ese reducido grupo de hombres ricos se arrogaba el derecho de decirle al pueblo lo que podía y no podía hacer, hacia dónde debía expandirse el país, cómo debían o no debían manejarse los asuntos de Estados Unidos.

Por tanto, resultó necesaria una segunda revolución para completar las tareas no resueltas a fines del siglo XVIII y para resolver los principales problemas que los norteamericanos enfrentaban desde entonces. Tuvieron que atravesar 13 años de luchas preparatorias, 4 años y medio de gue-

Lo que dominó la vida política en EEUU en la primera mitad del siglo XIX fue la lucha por la supremacía entre la esclavocracia y la burguesía industrial en ascenso.

Arriba: Esclavos trabajan en desmotadora de algodón en una plantación del Sur.

Abajo: Depósito de carbón en Port Richmond, Filadelfia, 1852. El carbón de las minas de Pennsylvania era traído por canal o ferrocarril a este puerto fluvial y transportado a Nueva York, Boston y otros centros industriales.

La invención de la máquina de vapor y la desmotadora estimuló una enorme expansión de la producción de algodón con trabajo esclavo a mediados del siglo XIX, lo cual multiplicó la riqueza y el poder de la esclavocracia. Eso, al tiempo que en el Norte se aceleraba la producción fabril con mano de obra libre, condujo al inevitable choque decisivo entre la clase esclavista y la burguesía industrial emergente.

rra civil, 12 años de Reconstrucción: en total, unos 30 años en esta intensa e ineludible turbulencia revolucionaria.

Hoy día para nosotros, lo más importante son los resultados de aquellas tribulaciones. Todo niño en edad escolar sabe que se abolió el poder de los esclavistas y que la población negra fue emancipada de la esclavitud. Pero el logro principal de esa revolución, desde el punto de vista del desarrollo norteamericano y mundial, fue que los últimos impedimentos internos al avance del capitalismo estadounidense fueron eliminados y que se abrió paso a la consolidación del dominio capitalista.

Ese período dio fin al conflicto iniciado en 1492 entre las fuerzas procapitalistas y precapitalistas en el continente. Podemos ver lo que sucedió con los pueblos que representaban diversas formas de vida precapitalistas.

Las tribus indígenas, cuyo nivel de productividad no había superado las etapas del salvajismo y la barbarie, habían sido exterminadas, desposeídas o confinadas en reservas.

Inglaterra, que había defendido el feudalismo y el dominio colonial, había sido desplazada y el capital industrial norteamericano había conquistado no solo la supremacía política sino la independencia económica.

La esclavocracia del Sur, la última fuerza precapitalista importante en ser barrida del camino, había sido aplastada y expropiada con la Guerra Civil y la Reconstrucción.

Los gobernantes capitalistas del sistema industrial eran entonces como el Conde de Montecristo cuando escapó de prisión y, ya libre y en posesión de innumerables riquezas, exclamó, "¡El mundo es mío!" Y desde entonces, ellos han actuado a partir de esa premisa.

~

Quisiera ahora hacer unas observaciones sobre el desarrollo económico y político de la sociedad estadounidense desde 1492 hasta el triunfo de la clase capitalista.

Como ya se señaló, la propiedad privada de los medios de producción no existió en el continente americano hasta el siglo XV. A partir de entonces, a medida que los colonos se extendieron por el territorio, la tendencia predominante fue que todos los medios de producción pasaran a manos privadas y fueran explotados de esa forma. Por ejemplo, la tierra, que había estado en manos tribales, fue parcelada y apropiada por individuos o empresas de un extremo del país al otro.

Tras la victoria de los banqueros, comerciantes y fabricantes del Norte a mediados del siglo XIX, este proceso pasó a un plano aún más alto. Los medios de producción, ya en régimen de propiedad privada, se fueron concentrando más y más en manos de grandes empresas. Hoy día, un individuo podría construir un auto o un avión, pero sin disponer de muchos millones de dólares, no le sería posible competir en el mercado con General Motors o Ford, o con Lockheed o Douglas. Hasta un magnate de la envergadura de Henry J. Kaiser se topó con esta realidad en la industria automotriz.

Hoy por hoy, ya casi no queda un palmo de tierra sin título de propiedad. De hecho, la Guerra Civil fomentó este proceso con la *Homestead Act* (Ley de Asentamientos Agrícolas), que otorgaba 160 acres (65 hectáreas) de tierra a individuos, y con otras medidas del Congreso que cedieron millones de hectáreas a las empresas ferroviarias. En la medida que el gobierno entregó tierras a pequeños agricultores, fue un hecho progresista, ya que era la única manera de acelerar el desarrollo de la agricultura en las condiciones vigentes.

Es imposible detallar aquí el proceso de poblamiento y desarrollo del Medio Oeste y Oeste, pero cabe mencionar ciertas consecuencias de la expansión capitalista. Primero, a raíz

El papel de vanguardia de los trabajadores que son negros

No empecemos con los negros como nacionalidad oprimida. Empecemos con el historial del papel y del peso de vanguardia de los trabajadores que son negros —un papel y peso desproporcionados en relación a su porcentaje entre el pueblo trabajador de este país— en las amplias luchas sociales y políticas con dirección proletaria en Estados Unidos.

Esto se remonta a los últimos años de la Guerra Civil estadounidense y en especial a la batalla de la posguerra por una reconstrucción radical, en la que las masas trabajadoras negras brindaron dirección política en una gran parte del Sur, tanto a los esclavos liberados como a los agricultores y trabajadores explotados que eran blancos.

Continuó a fines del siglo XIX y principios del siglo XX en las batallas obreras que forjaron el Sindicato Unido de Mineros (UMW), en una época cuando la mayoría de los sindicatos excluían a los negros o los segregaban en locales distintos.

Trabajadores negros estuvieron en las primeras filas de batallas decisivas que forjaron los sindicatos industriales del CIO en los años 30. Estuvieron a la vanguardia de los trabajadores que durante la Segunda Guerra Mundial rehusaron subordinar o aplazar las luchas por la justicia en nombre del "esfuerzo bélico patriótico".

Combatieron la discriminación en las industrias militares, protestaron contra las condiciones del sistema *Jim*

Crow en las fuerzas armadas y exigieron (sin éxito) que la administración Roosevelt y el Congreso dominado por los demócratas promulgaran leyes federales para prohibir los linchamientos racistas.

Estuvieron en las primeras filas de los que se opusieron a esa guerra imperialista. Y muchos conocemos por experiencia propia el perdurable impacto social y político en la clase trabajadora y el movimiento obrero actual que tuvieron el movimiento de masas pro derechos civiles y el ascenso de la lucha de liberación de los negros desde mediados de los años 50 hasta principios de los 70.

No estamos especulando sobre el futuro. Estamos señalando una historia documentada. Es un hecho. Es un historial asombroso, a mi parecer. Te deja pasmado.

No se puede decir lo mismo de la gran mayoría de las naciones y nacionalidades oprimidas en general en otros países. Pero sí es el historial político de la nacionalidad negra mayormente proletaria en Estados Unidos.

Es esta la dinámica que Trotsky, hace más de siete décadas, señalaba cuando dijo que es posible "que los negros se conviertan en el sector más avanzado" de la clase trabajadora y "pasen por la autodeterminación hasta la dictadura proletaria en un par de zancadas gigantescas, antes de la gran masa de los trabajadores blancos". Por eso él estaba "absolutamente seguro que, en todo caso, lucharán mejor que los trabajadores blancos" en general.

JACK BARNES, 2009
Malcolm X, la liberación de los negros y el camino al poder obrero

de esta expansión capitalista, la mente del norteamericano medio —a diferencia de la de los indígenas— ha sido tan moldeada por las instituciones de la propiedad privada que resulta difícil librarse de sus normas. Los europeos penetraron en la América de los indígenas, y sus descendientes se están aventurando en el espacio ultraterrestre.

Entre las dos revoluciones se fueron dando cambios pequeños. Para la mayoría, un cambio revolucionario parecía una fantasía. Pero la acumulación de cambios preparó transformaciones más drásticas.

Una ilustración extrema, absurda, pero por lo mismo sumamente instructiva, de los efectos de la expansión capitalista en la conciencia norteamericana apareció en un cable de prensa de Illinois con el siguiente titular: "¿Quién es dueño del espacio ultraterrestre? Un residente de Chicago afirma que es él". A continuación sigue la noticia:

> En vista de los planes para lanzar satélites desde la Tierra, la pregunta era inevitable [es decir, inevitable para los norteamericanos convencidos de que la propiedad privada es sagrada]: ¿Quién es dueño del espacio ultraterrestre?
>
> La mayoría de los expertos coincidieron en que la pregunta iba más allá de su pericia. Los especialistas en cohetería espacial dijeron que era un tema para los expertos en derecho internacional. Los abogados afirmaron que no existían precedentes legales para guiarlos. Solo James T. Mangan, un avispado agente de prensa de Chicago, tiene

> una respuesta contundente a la pregunta sobre la soberanía del espacio. Mangan afirma ser el dueño del espacio.
>
> Para respaldar su reclamo, él tiene un título de propiedad archivado en la oficina del registro del condado de Cook, en Chicago. Con el título, aceptado después de que la fiscalía estatal respaldara solemnemente la petición con una opinión judicial de cuatro páginas— tomó posesión de "todo el espacio en todas las direcciones desde la Tierra a la medianoche" del 20 de diciembre de 1948.
>
> Mangan declaró que el estatuto de limitaciones para impugnar el título vence el 20 de diciembre de 1955, y añadió: "El gobierno no tiene derecho legal al espacio sin mi permiso".

Si esto es locura, por lo menos tiene un método. Ese método es el móvil principal del modo de vida capitalista. Este señor Mangan no hace más que extender lógicamente a la exploración del espacio extraterrestre el mismo credo de avidez que guió a nuestros padres fundadores al tomar control de este territorio. Este fanático de la propiedad privada piensa que la misma ley se aplicará, no importa cuán lejos volemos en el espacio ni cuán lejos nos proyectemos en el futuro. Solo se distingue de otros partidarios del capitalismo por la audacia y coherencia de su lógica sobre la propiedad privada.

El segundo punto que quiero abordar es la interconexión entre la evolución y la revolución. Se suele oponer estas dos fases del desarrollo social como si fueran opuestos inconexos, alternativas irreconciliables. ¿Qué nos enseña al respecto la historia de Estados Unidos? El pueblo norteamericano ya ha pasado por dos períodos revolucionarios en su historia nacional. Cada uno de estos fue la culminación de prolongadas épocas de progreso social basado en logros anteriores.

Durante el intervalo entre las revoluciones, poco a poco se fueron produciendo cambios relativamente pequeños en la vida de los estadounidenses. Por lo tanto, ellos daban por sentado el marco de su vida, lo consideraban inmutable y definitivo, y les resultaba difícil imaginar algo diferente. La idea de un cambio revolucionario durante su propia vida les parecía una fantasía, o por lo menos irrelevante. No obstante, fue precisamente durante esos períodos de progreso evolutivo que la acumulación de cambios, a menudo inadvertida, preparó cambios más drásticos.

Los nuevos intereses de clase, que llegaron a ser potentes pero seguían insatisfechos; los conflictos sociales y políticos, que siempre volvían a brotar pero no se resolvían; los cambios en las relaciones de fuerzas sociales antagónicas: todo esto continuó manifestándose en una serie de convulsiones hasta alcanzar una etapa crítica. El pueblo de este país no era temerario. Hicieron todos los intentos posibles por hallar acuerdos razonables entre las fuerzas contendientes, y muchas veces lo lograron. Pero después de un tiempo, las treguas resultaban inútiles y no duraban mucho. El conflicto irreprimible de fuerzas sociales fue brotando a niveles mayores hasta un punto de ruptura.

Examinemos la situación de los colonos norteamericanos en 1763. Acababan de salir vencedores —junto a la madre patria inglesa— en una guerra contra los franceses y las tribus indígenas aliadas. No previeron que al cabo de 10 años estarían peleando por su propia libertad contra Inglaterra, y aliados a la monarquía francesa contra la cual habían combatido en 1763. Lo habrían considerado inconcebible. No obstante, así ocurrió poco más de una década después. El doctor Benjamin Rush, uno de los representantes de Pennsylvania que firmaron la Declaración de Independencia, señaló en su *Autobiografía*:

> Ni un hombre entre mil contemplaba o deseaba la independencia de nuestro país en 1774, y muy pocos de los que aprobaban ese camino previeron la inmensa influencia que pronto esta tendría en el carácter nacional e individual de los americanos.

De igual manera, la mayoría de los norteños —quienes gozaron del auge económico de Estados Unidos entre 1851 y 1857, el mayor del siglo XIX antes de la Guerra Civil— no imaginaron que, producto de los procesos internos acelerados por esa misma prosperidad, el país se partiría en dos en torno a la esclavitud apenas cuatro años después de la depresión de 1857. Más bien, razonaban así: ¿Acaso no se había llegado a un arreglo con los esclavistas en 1850, y no se podía ahora llegar a otros más? Efectivamente, hubo repetidos intentos de concertar acuerdos hasta el momento de estallar la Guerra Civil, e incluso después.

Por supuesto, los abolicionistas en un extremo y los "comecandelas" sureños en el otro extremo profetizaban un curso diferente, y a su manera respectiva, se prepararon para la revolución inminente. Pero esas voces radicales provenientes de la derecha y de la izquierda eran pocas y reducidas.

Estos episodios cruciales de la historia de Estados Unidos demuestran que, en las condiciones de una sociedad de clases, los períodos de *evolución* social gradual preparan las fuerzas para una solución *revolucionaria* de los problemas acumulados e irresueltos de pueblos y naciones. Este saneamiento revolucionario, a su vez, crea las premisas para una etapa nueva y superior de progreso evolutivo. La historia norteamericana de los siglos XVIII y XIX demuestra con excepcional claridad esa alternancia.

Es importante señalar un tercer punto al examinar las consecuencias del desarrollo capitalista en Estados Unidos: nuestras dos revoluciones nacionales nacieron directamente de condiciones internas. Ninguna fue importada por "agitadores extranjeros", aunque algunos, como Tom Paine, desempeñaran papeles importantes. Las dos revoluciones fueron producto de la maduración de conflictos entre fuerzas sociales internas. Pero esta es solo una faceta del asunto. Las luchas nacionales, a su vez, estaban ligadas al desarrollo económico y social mundial y se vieron condicionadas y definidas por esos factores internacionales.

Anteriormente señalamos que el ímpetu de la inmigración ultramarina que cambió el rostro de Estados Unidos provino de las revoluciones burguesas antifeudales que estaban transformando a Europa. La conquista de nuestro continente fue un retoño de esas revoluciones. La Primera Revolución Norteamericana ocurrió durante la época del capitalismo comercial, primera etapa del desarrollo capitalista mundial. Históricamente, forma parte de la serie de revoluciones democrático-burguesas mediante las cuales la clase capitalista llegó al poder a escala internacional. La Primera Revolución Norteamericana debe ser considerada hija de la revolución burguesa en Inglaterra a mediados del siglo XVII y, en cierto sentido, madre de la revolución democrático-burguesa en Francia a fines del siglo XVIII.

En esa época el comercio, no solo estadounidense sino mundial, produjo en el Norte una poderosa clase mercantil, que recibió apoyo de los trabajadores marítimos y artesanos en las ciudades costeras, y de los agricultores libres en las zonas rurales. Estos fueron las tropas de choque de los Hijos de la Libertad (Sons of Liberty). No es casualidad que la dinámica ciudad portuaria de Boston —poblada por ricos comerciantes que deseaban librarse de la bota británica y por robustos trabajadores portuarios, estibadores y marineros— estuviera en la vanguardia de la lucha contra Gran Bretaña. Tampoco es casualidad que el detonante de la guerra revolucionaria fuera el intento británico de silenciar y estrangular a Boston.

La Segunda Revolución Norteamericana se produjo durante la mayor expansión del capitalismo industrial de ambos lados del Atlántico. Los años entre 1848 y 1871 fueron marcados por guerras y revoluciones. Estos conflictos no llevaron a la desintegración del capital mundial, como ha sucedido en el siglo XX, sino que finalmente le dieron a la clase capitalista la supremacía absoluta en Estados Unidos y en una serie de países europeos.

La segunda etapa de la revolución democrático-burguesa en Estados Unidos, la Guerra Civil, puso las riendas en manos de los industriales del Norte. Fue el hecho revolucionario más notable del período que comenzó con las abortadas revoluciones alemana y francesa de 1848 y terminó con la Guerra Franco-Prusiana y la Comuna de París de 1871. El acontecimiento decisivo de ese período de la historia mundial fue la victoria de los capitalistas estadounidenses en este país, que anunció su ascenso como potencia mundial.

~

Teniendo presente estas lecciones, examinemos ahora la marcha de la sociedad norteamericana desde el final del período de la Guerra Civil hasta el presente.

Tras cosechar los frutos de dos revoluciones exitosas, los capitalistas comenzaron a disfrutarlos. Para ellos, las revoluciones en Estados Unidos eran cosa del pasado; el país avanzaría a paso lento y medido. De hecho, la sociedad capitalista ha evolucionado considerablemente sobre la base de los logros de sus revoluciones anteriores.

Pero en la dialéctica de nuestro desarrollo nacional, es la extraordinaria expansión de las fuerzas productivas capitalistas lo que ha estado preparando los elementos de un

Derrota de Reconstrucción Radical: peor revés para clase obrera en EUA

Ya en 1877 la Reconstrucción Radical había terminado en una derrota sangrienta, y no solo los afroamericanos sino toda la clase trabajadora habían sufrido lo que sigue siendo el peor revés en su historia.

La derrota fue maquinada por los sectores dominantes del capital industrial y del capital bancario ascendente, una clase que era incapaz de llevar a cabo una reforma agraria radical en la antigua Confederación y que con razón temía el ascenso de una clase trabajadora unida, donde los artesanos y obreros industriales negros y blancos se juntaran para formar una poderosa fuerza opositora, aliada a los pequeños agricultores libres.

En los años después de 1877, los pobres del campo y la clase trabajadora se vieron divididos a la fuerza según el color de la piel. El valor de su fuerza de trabajo fue reducido, y la solidaridad de clase fue desvirtuada. Se legalizó el *Jim Crow*, el extenso sistema de segregación. El racismo se propagó a paso acelerado por todo Estados Unidos.

FARRELL DOBBS, 1980
Continuidad revolucionaria:
Liderazgo marxista en Estados Unidos
Los primeros años, 1848–1917

nuevo enfrentamiento entre fuerzas de clase que pertenecen a distintas etapas de la evolución económica y social.

Desde 1878 han existido dos tendencias fundamentales en este país. La predominante hasta el momento ha sido la creciente concentración del poder económico, político y cultural en manos de los monopolistas. En ocasiones han sido desafiados, pero nunca desplazados. Hoy día detentan el poder de manera abierta e insolente. Como dijo el señor Charles Wilson, jefe del monopolio más grande y también del Departamento de Defensa: "Lo que es bueno para General Motors es bueno para Estados Unidos".

Esto es un eco de "El Estado soy yo", la afirmación de un anterior monarca absoluto, Luis XIV. El antiguo régimen francés tuvo sus funerales en 1789. Todo en este mundo —y especialmente los regímenes políticos y sistemas sociales en la sociedad de clases— lleva dentro de sí su propia oposición, su propia oposición fatal. Esto indudablemente se puede decir del poder del capitalismo, que engendra su propia némesis con las capacidades productivas —y políticas— de la fuerza de trabajo asalariada.

Lo irónico es que mientras mayor la riqueza de la clase capitalista, más fuerte la posición social de los trabajadores explotados, de quienes proviene esta riqueza. Desde que nacieron juntos los capitalistas y los trabajadores asalariados, han habido diferendos, fricciones, conflictos, huelgas, paros patronales (*lockouts*) entre estas dos clases y entre sectores de ellas. Surgen de la propia naturaleza de sus relaciones, que son antagónicas.

En general, estos conflictos hasta el momento no han traspasado nunca los límites de la estructura política y económica básica establecida por la Guerra Civil. Han sido atenuados, reconciliados o disimulados. A pesar de todas las perturbaciones, los monopolistas se han atrincherado más firmemente en sus posiciones de supremacía.

No obstante, un examen más cuidadoso revela que la clase trabajadora ocupa un lugar cada vez más influyente, aunque subordinado, en nuestra sociedad.

El movimiento obrero tiene a su alcance suficiente fuerza política, ni hablar de sus capacidades económicas y sociales, para ser la fuerza soberana en este país.

TESSA WORLEY/TOWNSQUARE MEDIA

Arriba: En los años 30 el sindicato Teamsters de Minneapolis libró huelgas que convirtieron la ciudad en baluarte sindical y sindicalizó a 250 mil trabajadores del camionaje en 11 estados. Aquí aparece la Guardia de Defensa Sindical, organizada en Minneapolis, que paró en seco una campaña organizadora de los fascistas Camisas Plateadas.

Abajo: Unos 1,100 miembros del Sindicato Unido de Mineros (UMW) en Alabama salieron en huelga en abril 2021 contra Warrior Met Coal. Exigieron que los patrones restituyeran lo que les quitaron en 2016 con recortes salariales, horas extras obligatorias con menos remuneración, mayores costos de seguro médico y menos feriados pagados.

La pregunta se plantea con renovada fuerza: ¿Se prolongará por tiempo indefinido este atolladero entre las clases, con los trabajadores en posición subalterna? Los capitalistas, por supuesto, contestan que así puede y debe ser. Además, hacen todo lo posible por garantizar la permanencia del statu quo, desde la enseñanza en las escuelas de que la estructura de clases vigente es perpetua hasta la aprobación de leyes antiobreras. La cúpula sindical, por su parte, acepta este postulado general.

Ni los voceros del capitalismo ni los funcionarios de la federación sindical AFL-CIO encontrarán un precedente en la historia norteamericana que apoye sus esperanzas de que la situación existente pueda mantenerse por tiempo indefinido. Esa es una lección de nuestro pasado nacional, subrayada por la "visión larga" del socialismo. Durante muchos años, a pesar de disputas esporádicas, los colonos norteamericanos se llevaron bien con la madre patria y hasta valoraron los lazos. Pero después hubo un cambio muy rápido y radical en las relaciones, un duelo hasta el final.

Lo mismo pasó con la prolongada coexistencia entre los estados libres del Norte y la esclavitud en el Sur. Durante 60 años, los norteños tuvieron que ocupar una posición subordinada a la autocracia esclavista del Sur, y la mayoría de la población en Estados Unidos llegó a creer que esa situación se prolongaría indefinidamente. Los esclavistas, al igual que los capitalistas de nuestros días, afirmaban que su "modo de vida americano" era la cima de la civilización.

Pero una vez que la nueva combinación de fuerzas progresistas tuvo que imponerse, las diferencias, ya maduras, estallaron con una guerra civil que barrió con el viejo orden. Los colaboradores políticos de ayer se convirtieron en enemigos irreconciliables al día siguiente.

Igual que los tiranos británicos y los esclavistas sureños —cada uno en su momento— movilizaron todos sus recursos para refrenar a las fuerzas revolucionarias en estas tierras, hoy día los agentes de la plutocracia norteamericana hacen lo mismo. ¿Tendrán éxito los monopolistas donde fracasaron sus antecesores? Consideremos esa interrogante.

El punto culminante de un proceso revolucionario es el traspaso del poder supremo de una clase a la otra. ¿Cuál es la actual correlación de poder en Estados Unidos? Todas las decisiones fundamentales de política exterior e interior las toman los altos círculos capitalistas para promover sus propios objetivos e intereses. El movimiento obrero puede a veces modificar una u otra decisión o política, pero su influencia no logra más que refrenar el poder político que detentan los monopolistas.

No obstante, hay una notable anomalía en esa correlación de fuerzas. El movimiento sindical unificado, la AFL-CIO —que en 1955 fusionó la Federación Americana del Trabajo con el Congreso de Organizaciones Industriales— tiene millones de miembros. Junto a sus familias, seguidores y amigos, el movimiento obrero organizado tiene a su alcance suficiente fuerza política —ni hablar de sus capacidades económicas y sociales— para ser la fuerza soberana en este país.

Un avance hacia la formación de un partido obrero independiente basado en los sindicatos solo podría ser producto de un combativo movimiento obrero en proceso de transformarse. Tendría implicaciones muy revolucionarias, más allá de las intenciones o declaraciones programáticas de sus organizadores.

Cualquier movimiento de este tipo, a escala masiva, auguraría un cambio en el supremo poder de decisión en Estados Unidos, tal como la llegada del Partido Republicano a Washington en 1860 significó el desplazamiento del poder de los esclavistas a los industriales del Norte.

Los dirigentes republicanos de 1861 no tenían intenciones revolucionarias. Encabezaban un partido reformista. Querían limitar el poder de los esclavistas. Pero eso significaba desequilibrar la correlación de fuerzas de clase que existía. Los esclavistas reconocieron el riesgo para su supremacía con mucha más claridad, y lo sintieron más profundamente, que los propios dirigentes del Partido Republicano en el Norte. Por eso iniciaron una ofensiva contrarrevolucionaria para tratar de recuperar el poder que antes habían detentado.

Es evidente el paralelismo con la perspectiva de que el movimiento obrero logre el predominio político nacional, aunque sea por una vía reformista. ¿Es posible efectuar dicho cambio?

El avance del pueblo de Estados Unidos se ha visto marcado por una serie de decisivos traspasos del poder: de Gran Bretaña a los comerciantes y hacendados de las colonias en el siglo XVIII, y de la esclavocracia del Sur a los capitalistas industriales en el siglo XIX. En la época actual de nuestra historia nacional, la dinámica apunta a un nuevo cambio colosal: esta vez, de la plutocracia gobernante hacia la clase trabajadora ascendente y sus aliados entre los pequeños agricultores y las minorías oprimidas.

Todo el desarrollo económico, social y político de Estados Unidos en este siglo apunta a dicho traspaso del poder. Desde luego, la clase trabajadora todavía está muy lejos de ser la clase predominante, y está aún menos consciente de su misión histórica. Pero desde la visión larga, es muy importante observar los diferentes ritmos de crecimiento del potencial económico, social y político de los contendientes por el poder supremo.

Si repasamos la historia de Estados Unidos a partir de 1876, vemos que, junto al crecimiento del movimiento obrero a nivel mundial, la correlación de fuerzas ha ido cambiando, pese a todas las oscilaciones, a favor del pueblo trabajador. Nada en absoluto —ni las guerras imperialistas, ni las leyes federales antiobreras, ni la caza de brujas de la Guerra Fría— ha podido detener el ímpetu.

El mérito supremo del socialismo científico es que nos permite participar en este proceso comprendiéndolo, luchando por influir en este proceso en todas sus etapas, dándole la orientación necesaria y acelerándolo para que pueda lograr sus grandes objetivos de la manera más económica y eficiente. Esta tarea puede realizarse de manera organizada solo si existe un liderazgo revolucionario y un partido marxista que comprenda las indispensables funciones educativas y organizativas que le corresponden en este proceso.

~

Fue un paso decisivo en el proceso de evolución, como señalamos antes, cuando el primer animal adquirió una columna vertebral. Se han sufrido muchas recaídas durante la marcha de la historia, especialmente en las luchas de nuestra propia generación que han estremecido al mundo. Muchos se asustaron ante la inmensidad de las tareas, o se vieron agobiados por la adversidad, hasta que perdieron su columna vertebral moral e intelectual y perdieron de vista el rumbo de la evolución social.

Sin embargo, la lección suprema de la historia, tanto mundial como norteamericana, es que las fuerzas impulsoras del avance de la humanidad han superado los obstáculos más formidables y al final han triunfado. De no ser así, no estaríamos aquí para contarlo o para contribuir a su próximo capítulo.

El pueblo norteamericano producirá en el futuro —como lo ha hecho en momentos críticos del pasado— a hombres y mujeres más audaces, con la visión de un mundo nuevo que se va creando. Estos dirigentes combativos y combatientes de vanguardia, guiados por "la visión larga" del marxismo, demostrarán en la práctica que las perspectivas socialistas de la humanidad, incluso del pueblo norteamericano, no están tan distantes como parecen ahora.

La época de la burguesía y la creación de sus sepultureros

Carlos Marx y Federico Engels

La historia de toda la sociedad hasta nuestros días* es la historia de las luchas de clases.

---

* Para ser preciso, la historia *escrita*. En 1847, la prehistoria de la sociedad, la organización social que precedió a toda la historia escrita, era prácticamente desconocida. Más tarde, Haxthausen descubrió en Rusia la propiedad común de la tierra. Maurer demostró que dicha propiedad fue la base social de la cual procedieron históricamente todas las tribus germanas. Y poco a poco se fue descubriendo que las comunidades aldeanas con propiedad común de la tierra fueron la forma primitiva de la sociedad, desde la India hasta Irlanda. Finalmente, fue Morgan quien expuso la organización interna de esta sociedad comunista primitiva, en su forma típica, con su descubrimiento culminante sobre la verdadera naturaleza de la *gens* y su relación con la *tribu*.

Al desintegrarse estas comunidades originarias, la sociedad comenzó a diferenciarse en clases distintas y, finalmente, antagónicas. He intentado analizar este proceso de desintegración en mi obra *El origen de la familia, la propiedad privada y el estado*.—NOTA DE ENGELS A LA EDICIÓN INGLESA DE 1888

De las primeras páginas del Manifiesto Comunista, programa de fundación del movimiento obrero revolucionario. Fue publicado por primera vez en febrero de 1848.

Libres y esclavos, patricios y plebeyos, señores feudales y siervos, maestros* y oficiales de gremio —en una palabra, opresores y oprimidos— se han enfrentado siempre, han librado una lucha constante, a veces velada y otras veces abierta, lucha que terminó siempre con la transformación revolucionaria de toda la sociedad o con la ruina común de las clases en pugna.

La historia de toda la sociedad hasta nuestros días es la historia de las luchas de clases.

En las anteriores épocas históricas, encontramos casi en todas partes una compleja diferenciación de la sociedad en diversos estamentos, una múltiple escala gradual de rangos sociales. En la antigua Roma hallamos patricios, caballeros, plebeyos y esclavos; en la Edad Media, señores feudales, vasallos, maestros de gremio, oficiales, aprendices, siervos; y, además, en casi todas estas clases todavía encontramos gradaciones secundarias.

La moderna sociedad burguesa,† que ha salido de entre las ruinas de la sociedad feudal, no ha abolido las contradicciones de clase. Únicamente ha sustituido las viejas

* Maestro de gremio, es decir, miembro de un gremio con todos los derechos: maestro, no jefe, del gremio.—NOTA DE ENGELS A LA EDICIÓN INGLESA DE 1888

† Por burguesía se entiende la clase de los capitalistas modernos, dueños de los medios de producción social y empleadores de trabajo asalariado. Por proletariado se entiende la clase de los trabajadores asalariados modernos quienes, privados de medios propios de producción, se ven obligados a vender su fuerza de trabajo para subsistir.—NOTA DE ENGELS A LA EDICIÓN INGLESA DE 1888

clases, las viejas condiciones de opresión, las viejas formas de lucha por otras nuevas.

Nuestra época, la época de la burguesía, se distingue, sin embargo, por haber simplificado los antagonismos de clase. La sociedad en su conjunto va dividiéndose cada vez más en dos grandes campos enemigos, en dos grandes clases que se enfrentan directamente: la burguesía y el proletariado.

De los siervos de la Edad Media surgieron los villanos libres de las primeras ciudades. De este estamento urbano salieron los primeros elementos de la burguesía.

El descubrimiento de América y la circunnavegación de África ofrecieron a la burguesía en ascenso un nuevo campo de actividad. Los mercados de las Indias Orientales y de China, la colonización de América, el intercambio con las colonias, la multiplicación de los medios de cambio y de las mercancías en general, dieron al comercio, a la navegación y a la industria un impulso hasta entonces inaudito, y aceleraron con ello el desarrollo del elemento revolucionario de la sociedad feudal en descomposición.

El sistema feudal de la industria, en que la producción industrial estaba monopolizada por gremios cerrados, ya no podía satisfacer la creciente demanda de los nuevos mercados. Fue reemplazado por la manufactura. La clase media industrial desplazó a los maestros de los gremios. La división del trabajo entre los diferentes gremios corporativos desapareció ante la división del trabajo en el seno del mismo taller.

Pero los mercados no dejaron de crecer; la demanda iba siempre en aumento. Ya ni siquiera bastaba la manufactura. El vapor y la maquinaria revolucionaron entonces la producción industrial. La manufactura fue sustituida por la gran industria moderna; la clase media industrial por los industriales millonarios, los jefes de verdaderos ejércitos industriales: los burgueses modernos.

La industria moderna ha creado el mercado mundial, ya preparado por el descubrimiento de América. Este mercado aceleró prodigiosamente el desarrollo del comercio, la navegación y los medios de transporte por tierra. Este desarrollo influyó, a su vez, en la expansión de la industria. Y a medida que se iban extendiendo la industria, el comercio, la navegación y los ferrocarriles, se desarrollaba la burguesía, multiplicando sus capitales y relegando a segundo lugar a todas las clases heredadas de la Edad Media.

La burguesía no puede existir sin revolucionar incesantemente los instrumentos y las relaciones de producción, y todas las relaciones sociales.

La burguesía moderna, como vemos, es de por sí producto de un largo proceso de desarrollo, de una serie de revoluciones en el modo de producción y de cambio.

Cada etapa del desarrollo de la burguesía fue acompañada de un correspondiente avance político de esa clase. Fue estamento oprimido bajo la dominación de los señores feudales; asociación armada y autónoma en la comuna*; en unos lugares, república urbana independiente

---

* "Comuna" era el nombre en Francia de las ciudades nacientes aun antes de que conquistaran de sus amos y señores feudales la autonomía local y derechos políticos como "Tercer Estado". En términos generales, se ha tomado aquí a Inglaterra como país típico en cuanto al desarrollo económico de la burguesía, y a Francia como país típico en cuanto a su desarrollo político.—NOTA DE ENGELS A LA EDICIÓN INGLESA DE 1888

Los habitantes de las ciudades en Italia y Francia llamaban así a sus comunidades urbanas después de haber comprado o conquistado de sus (como en Italia y Alemania); en otros, "tercer estado" tributario de la monarquía (como en Francia). Después, durante la época de la manufactura, sirvió a las monarquías semifeudales o absolutas como contrapeso a la nobleza y, de hecho, fue piedra angular de las grandes monarquías.

Con el desarrollo de la gran industria y del mercado mundial, la burguesía finalmente ha conquistado, en el estado representativo moderno, el dominio político exclusivo. El gobierno del estado moderno no es más que un comité para manejar los asuntos comunes de toda la burguesía.

La burguesía ha desempeñado, históricamente, un papel sumamente revolucionario.

Dondequiera que ha conquistado el poder, la burguesía ha destruido las relaciones feudales, patriarcales, idílicas. Ha roto despiadadamente los abigarrados lazos feudales que ataban al hombre a sus "superiores naturales", y no ha dejado otro vínculo entre los hombres que el puro interés propio, el frío "pago al contado".

Ha ahogado el sagrado éxtasis del fervor religioso, del entusiasmo caballeresco, del sentimentalismo pequeño burgués en las aguas heladas del cálculo egoísta. Ha reducido la dignidad personal a un simple valor de cambio. Ha sustituido las numerosas libertades adquiridas y codificadas por la única y desalmada libertad: la libertad de comercio. En una palabra, en lugar de la explotación disfrazada con ilusiones religiosas y políticas, ha establecido una explotación abierta, descarada, directa y brutal.

La burguesía ha despojado de su aureola a todas las profesiones que hasta entonces se tenían por venerables y dignas de piadoso respeto. Al médico, al abogado, al sa-

---

señores feudales sus derechos iniciales de autonomía.—NOTA DE ENGELS A LA EDICIÓN ALEMANA DE 1890 cerdote, al poeta, al hombre de ciencia, los ha convertido en sus servidores asalariados.

La burguesía ha arrancado el velo de sentimentalismo que encubría las relaciones familiares, y las ha reducido a simples relaciones de dinero.

La burguesía ha revelado que la brutal demostración de fuerza en la Edad Media, tan admirada por los reaccionarios, tenía su complemento natural en la más perezosa indolencia. Ha sido la primera en demostrar lo que puede lograr la actividad humana. Ha creado maravillas muy superiores a las pirámides de Egipto, a los acueductos romanos y a las catedrales góticas. Ha realizado expediciones que dejan atrás todas las anteriores migraciones de pueblos y cruzadas.

La burguesía no puede existir sin revolucionar incesantemente los instrumentos de producción y, por consiguiente, las relaciones de producción, y con ello todas las relaciones sociales. En cambio, la conservación del antiguo modo de producción era la primera condición de existencia de todas las anteriores clases industriales. La época burguesa se distingue de todas las anteriores por una revolución continua en la producción, la incesante perturbación de todas las condiciones sociales, una inseguridad y movimiento constantes.

Todas las relaciones fijas y congeladas, con su séquito de prejuicios y conceptos antiguos y venerables, se disuelven. Todas las nuevas se hacen obsoletas antes de poder osificarse. Todo lo sólido se evapora; todo lo sagrado es profanado, y los hombres, al fin, se ven forzados a encarar sobriamente sus condiciones de vida y relaciones mutuas.

La necesidad de ampliar constantemente el mercado para sus productos obliga a la burguesía a recorrer el mundo entero. Tiene que anidar en todas partes, instalarse en todas partes, establecer vínculos en todas partes.

El descubrimiento europeo de América ofreció a la burguesía ascendente un nuevo campo de actividad. Dio un gran impulso al comercio, a la navegación y a la industria, y por ende, al elemento revolucionario de la sociedad feudal decadente.

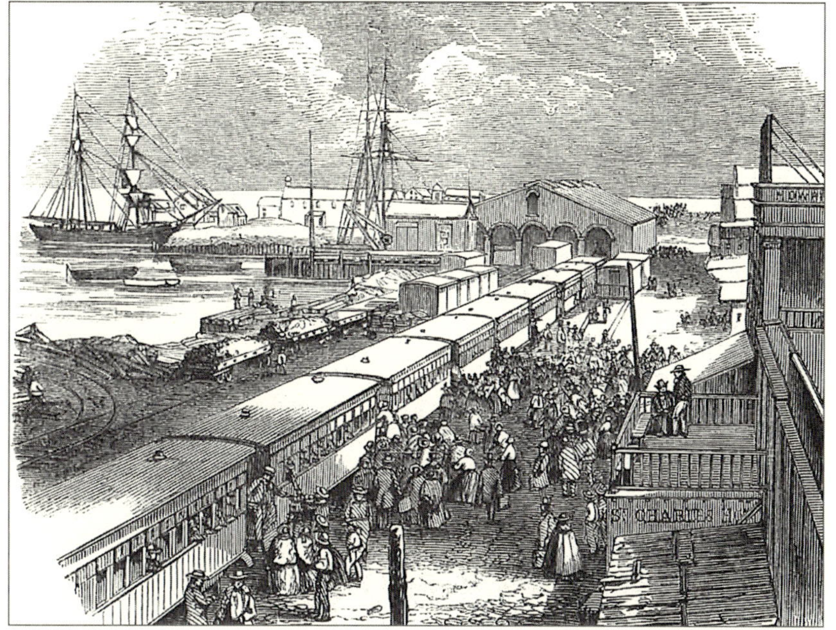

BIBLIOTECA DEL CONGRESO

Colón, Panamá, 1855. Seis décadas antes del canal, el Ferrocarril de Panamá cruzó el istmo, llevando carga y pasajeros que iban rumbo a California, entonces en pleno auge tras la Fiebre del Oro.

Este vínculo entre el Atlántico y el Pacífico, mucho más corto que la ruta marítima que circunnavegaba Sudamérica, revolucionó el comercio capitalista.

Por su explotación del mercado mundial, la burguesía ha dado un carácter cosmopolita a la producción y al consumo en todos los países. Para gran pesar de los reaccionarios, le ha quitado a la industria su base nacional. Las antiguas industrias nacionales han sido destruidas o están siendo destruidas a diario. Se ven desplazadas por nuevas industrias, cuya introducción se convierte en cuestión de vida o muerte para todas las naciones civilizadas. Estas industrias ya no utilizan materias primas de origen nacional, sino materias primas que vienen de las regiones más remotas del mundo, y cuyos productos no solo se consumen en el país mismo, sino en todos los rincones del globo.

¿En qué siglo anterior se pudo sospechar siquiera que semejantes fuerzas productivas dormitaban en el seno del trabajo social?

En lugar de las antiguas necesidades, satisfechas con productos nacionales, surgen necesidades nuevas, que reclaman para su satisfacción productos de los países y climas más lejanos. En lugar del anterior aislamiento y autosuficiencia regional y nacional, hay un intercambio en todos los sentidos, una interdependencia universal entre las naciones. Y esto se refiere tanto a la producción material como a la intelectual. Las creaciones intelectuales de cada nación se convierten en patrimonio común. Una visión nacional estrecha y unilateral resulta cada vez más imposible, y de las numerosas literaturas nacionales y locales se forma una literatura universal.

Por el rápido perfeccionamiento de todos los instrumentos de producción, por los medios de comunicación ya infinitamente más fáciles, la burguesía arrastra a todas las naciones, hasta las más bárbaras, hacia la civilización. Los bajos precios de sus mercancías son la artillería pesada con la cual derrumba todas las murallas chinas y hace capitular a los bárbaros más obstinadamente hostiles a los extranjeros. Obliga a todas las naciones, si no quieren perecer, a adoptar el modo burgués de producción. Las obliga a introducir lo que denomina civilización, es decir, a hacerse burguesas. En una palabra: crea un mundo a su imagen y semejanza.

La burguesía ha sometido el campo al dominio de la ciudad. Ha creado ciudades inmensas; ha aumentado enormemente la población urbana en comparación con la rural, rescatando a una gran parte de la población del aislamiento y estupor de la vida rural. Así como ha hecho que el campo sea dependiente de la ciudad, ha hecho que los países bárbaros y semibárbaros sean dependientes de los países civilizados, las naciones campesinas de las naciones burguesas, el Oriente del Occidente.

La burguesía acaba más y más con la dispersión de la población, los medios de producción y la propiedad. Ha aglomerado a la población, centralizado los medios de producción y concentrado la propiedad en manos de unos pocos. La consecuencia necesaria de esto fue la centralización política. Las provincias independientes, apenas asociadas entre sí, y con diferentes intereses, leyes, gobiernos y tarifas aduaneras, se aglutinaron en una sola nación, con un solo gobierno, un solo código de leyes, un solo interés nacional de clase, una sola frontera y una sola tarifa aduanera.

Durante apenas un siglo de su dominio de clase, la burguesía ha creado fuerzas productivas más masivas y colosales que todas las generaciones pasadas juntas. El sometimiento de las fuerzas naturales, la maquinaria, la aplicación de la química a la industria y a la agricultura, la navegación a vapor, los ferrocarriles, el telégrafo eléctrico, la puesta en cultivo de continentes enteros, la apertura de los ríos a la navegación, poblaciones enteras surgidas como por encanto: ¿en qué siglo pasado se pudo sospechar siquiera que semejantes fuerzas productivas dormitaban en el seno del trabajo social?

Hemos visto, pues, que los medios de producción y de cambio, sobre cuya base se formó la burguesía, fueron creados en la sociedad feudal. Cuando estos medios de producción y de cambio alcanzaron una cierta etapa de desarrollo, las condiciones en que la sociedad feudal producía e intercambiaba, la organización feudal de la agricultura y la industria manufacturera —en una palabra, las relaciones feudales de propiedad— dejaron de corresponder a las fuerzas productivas ya desarrolladas. Llegaron a frenar la producción en lugar de impulsarla. Se convirtieron en trabas. Era necesario hacer pedazos esas trabas, y se hicieron pedazos.

Fueron reemplazadas con la libre competencia, con una constitución social y política adecuada a ella, con el dominio económico y político de la clase burguesa.

Ante nuestros ojos se está produciendo un movimiento similar. La sociedad burguesa moderna, con sus relaciones de producción y de cambio, y de propiedad, una sociedad que ha hecho surgir como por encanto tan potentes medios de producción y de cambio, se asemeja al brujo que ya no es capaz de dominar los poderes infernales que ha desencadenado con sus conjuros. Desde hace muchas décadas, la historia de la industria y del comercio no es más que la historia de la rebelión de las fuerzas productivas modernas contra las relaciones modernas de producción, contra las relaciones de propiedad que son los requisitos para la existencia de la burguesía y su dominio.

Basta mencionar las crisis comerciales, que con su recurrencia periódica ponen en tela de juicio, de forma cada vez más amenazante, la existencia de toda la sociedad burguesa. En estas crisis comerciales se destruye regularmente una gran parte, no solo de los productos fabricados, sino de las propias fuerzas productivas ya creadas. Durante estas crisis estalla una epidemia social que en cualquier época anterior habría parecido absurda: la epidemia de la sobreproducción. De repente la sociedad retrocede a un estado de barbarie momentánea: es como si una hambruna, una devastadora guerra global, le hubiera negado acceso a todos sus medios de sustento; la industria y el comercio parecen haber sido destruidos.

¿Y por qué? Porque hay demasiada civilización, demasiados medios de sustento, demasiada industria, demasiado comercio. Las fuerzas productivas con las que cuenta la sociedad ya no fomentan el desarrollo de las relaciones de propiedad burguesa. Al contrario, resultan ya demasiado poderosas para estas relaciones, las cuales son un freno para ellas. Y cada vez que las fuerzas productivas se sobreponen a este obstáculo, provocan desorden en toda la sociedad burguesa y ponen en peligro la existencia de la propiedad burguesa. Las relaciones burguesas resultan demasiado estrechas para abarcar la riqueza que ellas mismas han creado.

¿Cómo supera la burguesía estas crisis? Por una parte, mediante la destrucción forzosa de una masa de fuerzas productivas. Por otra, mediante la conquista de nuevos mercados y la explotación más intensa de los antiguos. ¿Cómo lo hace, entonces? Preparando el camino para crisis más extensas y violentas y reduciendo los medios para prevenirlas.

Las armas con que la burguesía derribó el feudalismo se vuelven ahora contra la propia burguesía.

Pero la burguesía no solo ha forjado las armas que le traerán la muerte; ha producido también a los hombres que empuñarán estas armas: los trabajadores modernos, los proletarios.

En la misma medida en que se desarrolla la burguesía, es decir, el capital, se desarrolla también el proletariado, la clase de trabajadores modernos que solo pueden vivir si encuentran trabajo, y que solo lo encuentran mientras su trabajo acrecienta el capital. Estos trabajadores, obligados a venderse de a poco, son una mercancía como cualquier otro artículo del comercio, y por tanto se ven expuestos a todas las vicisitudes de la competencia, a todas las fluctuaciones del mercado.

Con el creciente uso de las máquinas y con la división del trabajo, el trabajo del proletario ha perdido todo su carácter independiente y, por tanto, todo atractivo para el trabajador. Este se convierte en un simple apéndice de la máquina, y solo se le exigen las operaciones más sencillas, más monótonas y más fáciles de aprender. Por tanto, el costo de producir el trabajador se limita casi exclusivamente a los medios de sustento que él necesita para vivir y para reproducir su estirpe.

El precio de toda mercancía, y por tanto el precio de la fuerza de trabajo, es igual a su costo de producción. Por consiguiente, cuanto más desagradable es el trabajo, más disminuyen los salarios. Más aún, cuanto más se utiliza la maquinaria y más aumenta la división del trabajo, más aumenta la cantidad de trabajo, sea por la prolongación de la jornada, por el aumento del trabajo exigido en un tiempo dado o por la aceleración de las máquinas, etcétera.

La industria moderna ha convertido el pequeño taller del maestro patriarcal de gremio en la gran fábrica del capitalista industrial. Masas de obreros, hacinados en la fábrica, están organizados como soldados. En tanto que soldados rasos del ejército industrial, están bajo el mando de toda una jerarquía de oficiales y suboficiales. No solo son esclavos de la burguesía, del estado burgués, sino que diariamente, a todas horas, están esclavizados por la máquina, el capataz y ante todo el propio burgués manufacturero individual. Y este despotismo es tanto más mezquino, odioso y amargo, cuanto más abiertamente proclama que el lucro es su fin.

Cuanto más se utiliza la maquinaria y aumenta la división del trabajo, más crece la carga del trabajo: por las horas prolongadas, el aumento del trabajo en un tiempo dado o la aceleración de las máquinas.

Mientras menos habilidad y fuerza requiere el trabajo manual, es decir, mientras más se desarrolla industria moderna, más se sustituye el trabajo de los hombres con el de las mujeres y los niños. Las diferencias de edad y sexo ya pierden toda significado social para la clase trabajadora. Todos son instrumentos de trabajo, cuyo costo varía según la edad y el sexo.

Una vez el obrero recibe su salario en efectivo, y por el momento se termina su explotación por el dueño de la fábrica, le caen encima las otras partes de la burguesía: el casero, el tendero, el prestamista, etcétera.

Las capas inferiores de la clase media —pequeños industriales, pequeños comerciantes y rentistas, artesanos y campesinos— van cayendo en las filas del proletariado: en parte, porque su escaso capital no les alcanza para poner en marcha grandes empresas industriales y sucumben en la competencia con los capitalistas más grandes; otros, porque sus habilidades profesionales son devaluadas por los nuevos métodos de producción. Por tanto, el proletariado se ve reclutado entre todas las clases de la población.

El proletariado pasa por diferentes etapas de desarrollo. Desde que nace, comienza su lucha contra la burguesía. Al principio, la lucha la libran trabajadores a nivel individual, después, los obreros de una fábrica; más tarde, los trabajadores de un oficio en una sola localidad, contra el burgués individual que los explota directamente. No dirigen sus ataques contra las relaciones burguesas de producción, sino contra los mismos instrumentos de producción. Destruyen mercancías importadas que compiten con su mano de obra, rompen máquinas, incendian fábricas, intentan recuperar por la fuerza la posición desaparecida del artesano de la Edad Media.

En esta etapa, los trabajadores constituyen una masa dispersa por todo el país y desunida por la competencia. Si logran formar una masa compacta, todavía no es el resultado de su propia unión, sino de la unión de la burguesía, la cual, para alcanzar sus propios objetivos políticos, necesita poner en movimiento a todo el proletariado, y por el momento aún puede hacerlo. Así pues, en esta etapa los proletarios no luchan contra sus propios enemigos, sino contra los enemigos de sus enemigos, es decir, contra los vestigios de la monarquía absoluta, los grandes terratenientes, los burgueses no industriales y los pequeños burgueses. Por tanto, todo el movimiento histórico se concentra en manos de la burguesía. Cada victoria lograda así es una victoria de la burguesía.

Los trabajadores forman coaliciones (sindicatos) para defender sus salarios. A veces triunfan, pero solo por un tiempo. El verdadero fruto de sus luchas es la unión cada vez más amplia de los trabajadores.

IBEW LOCAL 304

Los trabajadores de Frito-Lay en Topeka, Kansas, salieron en huelga en julio de 2021 y lograron que la empresa cambiara los brutales horarios que llamaban "turnos suicidas". Los avances de los 600 miembros del sindicato de obreros panaderos BCTGM estimularon a otros trabajadores a utilizar sus sindicatos para resistir ataques patronales a sus salarios, beneficios y condiciones de trabajo.

Pero con el desarrollo de la industria, el proletariado no solo crece, sino que se concentra en masas más grandes; aumenta su fuerza y adquiere más conciencia de ella. Los diversos intereses y condiciones de vida entre las filas del proletariado se van igualando más y más, a medida que las máquinas van borrando las diferencias del trabajo y reducen el salario, casi en todas partes, a un mismo nivel bajo. La creciente competencia entre los mismos burgueses, y las consiguientes crisis comerciales, hacen que los salarios de los trabajadores fluctúen cada vez más. Las constantes y aceleradas mejoras de la maquinaria ponen al trabajador en una situación cada vez más precaria. Los choques entre trabajadores individuales y burgueses individuales asumen más y más el carácter de choques entre dos clases.

De todas las clases que hoy se enfrentan a la burguesía, solo el proletariado es una clase verdaderamente revolucionaria.

Los trabajadores empiezan a formar coaliciones (sindicatos) contra los burgueses. Se unen para defender sus salarios. Crean asociaciones permanentes para asegurarse los medios necesarios en anticipación de estos choques ocasionales. De vez en cuando, la lucha estalla en motines.

A veces los trabajadores triunfan; pero solo por un tiempo. El verdadero fruto de sus luchas no es el resultado inmediato, sino la unión cada vez más amplia de los trabajadores. Esta unión se ve propiciada por la expansión de los medios de comunicación creados por la gran industria, que ponen en contacto a los trabajadores de diferentes localidades. Y solo basta ese contacto para que las numerosas luchas locales, que en todas partes revisten el mismo carácter, se centralicen en una lucha nacional, en una lucha de clases.

Mas toda lucha de clases es una lucha política. Y los proletarios, modernos, gracias al ferrocarril, logran en unos pocos años la unión que los habitantes urbanos de la Edad Media, con sus limitados caminos locales, tardaron siglos en forjar.

Esta organización del proletariado en clase y, por tanto en partido político, se ve desbaratada continuamente por la competencia entre los propios trabajadores. Pero vuelve a surgir, siempre más fuerte, más firme, más potente. Obliga a la burguesía, aprovechando sus propias divisiones internas, a reconocer por ley ciertos intereses de los trabajadores. Así se logró en Inglaterra la ley de la jornada de 10 horas.

Los choques entre las clases de la vieja sociedad favorecen en general, de diversas maneras, el desarrollo del proletariado. La burguesía se encuentra en lucha permanente. Al principio contra la aristocracia; después contra las facciones de la misma burguesía cuyos intereses chocan con el avance de la industria; y en todo momento contra la burguesía de los demás países. En todas estas batallas, se ve obligada a apelar al proletariado, a reclamar su ayuda y a arrastrarlo así al terreno político. De esta manera, la burguesía proporciona al proletariado los elementos de su propia educación política y general, es decir, las armas para combatir a la burguesía.

Además, como ya hemos visto, ante el desarrollo de la industria, sectores enteros de la clase dominante se ven arrojados a las filas del proletariado, o al menos se ven amenazadas sus condiciones de existencia. Y ellos también aportan al proletariado numerosos elementos educativos.

Por último, en los períodos cuando la lucha de clases se acerca a su desenlace, el proceso de desintegración en la clase dominante, en toda la vieja sociedad, asume un carácter tan violento y evidente que una pequeña parte de la clase dominante se separa y se suma a la clase revolucionaria, a la clase en cuyas manos está el futuro. Y así como en una época anterior una parte de la nobleza se pasó a la burguesía, ahora una parte de la burguesía se pasa al proletariado, especialmente una parte de los ideólogos burgueses que han logrado una comprensión teórica del conjunto del movimiento histórico.

De todas las clases que hoy se enfrentan a la burguesía, solo el proletariado es una clase verdaderamente revolucionaria. Las otras clases decaen y desaparecen ante el desarrollo de la gran industria; el proletariado es su producto especial.

El movimiento proletario es el movimiento independiente y consciente de la inmensa mayoría en interés de la inmensa mayoría.

Las capas medias, el pequeño industrial, el pequeño comerciante, el artesano, el campesino: todos estos luchan contra la burguesía para salvarse de la ruina como parte de la clase media. No son, pues, revolucionarios, sino conservadores. Es más, son reaccionarios, ya que pretenden hacer retroceder la rueda de la historia. Si acaso son revolucionarios, es solo por su inminente tránsito al proletariado. Por tanto, defienden así no sus intereses presentes sino sus intereses futuros, ya que abandonan su propio punto de vista para adoptar el del proletariado.

El lumpenproletariado, ese producto pasivo de la putrefacción de las capas más bajas de la vieja sociedad, puede a veces verse arrastrado al movimiento por una revolución proletaria. Sin embargo, por todas sus condiciones de vida, se mostrará más dispuesto a dejarse sobornar para participar en intrigas reaccionarias.

En las condiciones de vida del proletariado ya no queda nada de las condiciones de la vieja sociedad. El proletariado no tiene propiedad; sus relaciones con su esposa y sus hijos ya no tienen nada que ver con las relaciones familiares burguesas. El trabajo industrial moderno, el sometimiento moderno al capital, tanto en Inglaterra como en Francia, tanto en Estados Unidos como en Alemania, ha despojado al proletariado de todo carácter nacional. Las leyes, la moral y la religión son para él meros prejuicios burgueses, detrás de los cuales se ocultan otros tantos intereses burgueses.

Todas las clases anteriores que tomaron el poder trataron de consolidar su posición sometiendo a toda sociedad a las condiciones de su modo de apropiación. Los proletarios solo pueden conquistar las fuerzas productivas de la sociedad si acaban con el modo de apropiación que ha imperado hasta ahora y, por tanto, con todos los modos anteriores de apropiación. Los proletarios no tienen nada suyo que salvaguardar; más bien necesitan destruir todo lo que hasta ahora ha venido garantizando y asegurando la propiedad privada existente.

Todos los movimientos anteriores han sido movimientos de minorías o en interés de minorías. El movimiento proletario es el movimiento independiente de la inmensa mayoría en interés de la inmensa mayoría. El proletariado, la capa inferior de la sociedad actual, no puede levantarse, no puede erguirse, sin hacer volar en pedazos toda la superestructura de las capas de la sociedad oficial.

La lucha del proletariado contra la burguesía es —por su forma, aunque no por su contenido— ante todo una lucha nacional. Desde luego, el proletariado de cada país debe en primer lugar arreglar cuentas con su propia burguesía.

Al esbozar las fases más generales del desarrollo del proletariado, hemos seguido el curso de la guerra civil, más o menos oculta, que se va librando en el seno de la sociedad existente, hasta el momento en que esa guerra se transforma en una revolución abierta y el proletariado, al derrocar por la violencia a la burguesía, establece su dominio.

Las conclusiones teóricas de los comunistas son la expresión de las condiciones reales de una lucha de clases, de un movimiento histórico que se desarrolla ante nuestros ojos.

Todas las sociedades anteriores, como hemos visto, se han basado en el antagonismo entre clases opresoras y oprimidas. Sin embargo, para poder oprimir a una clase, es preciso asegurarle ciertas condiciones que por lo menos le permitan continuar su existencia de esclavitud. El siervo, en la época de servidumbre, llegó a ser miembro de la comuna, lo mismo que el pequeño burgués, bajo el yugo del absolutismo feudal, llegó a elevarse a la categoría de burgués.

En cambio, el trabajador moderno, en vez de elevarse con el progreso de la industria, se hunde más y más, por debajo de las condiciones de vida de su propia clase. El trabajador se empobrece, y su pobreza crece aún más rápidamente que la población y la riqueza.

Por tanto, se hace evidente que la burguesía ya no es apta para seguir siendo la clase dominante de la sociedad y para imponerle, como ley reguladora, las condiciones de existencia de su clase. No es apta para gobernar porque es incapaz de asegurarle la existencia a su esclavo dentro de su sistema de esclavitud, ya que se debe dejar que se hunda a una situación tal que la burguesía tiene que alimentarlo en vez de ser alimentada por él. La sociedad ya no puede seguir viviendo bajo la burguesía. Dicho de otro modo, la existencia de la burguesía ya no es compatible con la sociedad.

La condición esencial de la existencia y del dominio de la clase burguesa es la creación y el incremento del capital; la condición de existencia del capital es el trabajo asalariado. El trabajo asalariado se basa exclusivamente en la competencia entre los trabajadores. El progreso de la industria, cuyo agente involuntario es la burguesía, reemplaza el aislamiento de los trabajadores, causado por la competencia, con su unión revolucionaria gracias a la asociación. Por tanto, el desarrollo de la gran industria socava las bases sobre las cuales la burguesía produce y se apropia de lo producido. La burguesía ante todo produce a sus propios sepultureros. Su caída y la victoria del proletariado son igualmente inevitables.

~

¿Cuál es la posición de los comunistas respecto a los proletarios en general?

Los comunistas no forman un partido aparte, opuesto a otros partidos obreros.

No tienen intereses separados de los intereses del conjunto del proletariado.

No establecen principios sectarios propios a los que quisieran amoldar el movimiento proletario.

Los comunistas se distinguen de los demás partidos proletarios solo por lo siguiente: (1) En las luchas nacionales de los proletarios en distintos países, destacan y hacen valer los intereses comunes de todo el proletariado, independientemente de la nacionalidad. (2) En las diferentes etapas de desarrollo por las que pasa la lucha entre el proletariado y la burguesía, representan siempre los intereses del movimiento en su conjunto.

Por consiguiente, los comunistas son, prácticamente, la parte más avanzada y resuelta de los partidos obreros de todos los países, la parte que siempre impulsa a las demás. Teóricamente, tienen la ventaja, en relación a la masa del proletariado, de su clara comprensión de la marcha, las condiciones y los resultados generales del movimiento proletario.

El objetivo inmediato de los comunistas es el mismo que el de todos los demás partidos proletarios: la formación del proletariado como clase, el derrocamiento del dominio burgués, la conquista del poder político por el proletariado.

Las conclusiones teóricas de los comunistas no se basan de ninguna manera en ideas o principios inventados o descubiertos por tal o cual reformador universal.

No son sino la expresión general del conjunto de las condiciones reales de una lucha de clases existente, de un movimiento histórico que se está desarrollando ante nuestros ojos.

ÍNDICE

US$15

Tres libros para ser leídos como uno . . .

. . . sobre la construcción del único tipo de partido digno de llamarse revolucionario en la época imperialista.

- Un partido que es proletario por su programa, composición y conducta.
- Un partido que reconoce, con palabras y acciones, el hecho más revolucionario de esta época:

> Que los trabajadores —aquellos que los patrones y las capas privilegiadas temen como “deplorables” y “delincuentes”— tenemos la capacidad de crear un mundo diferente cuando nos organizamos para defender nuestros propios intereses, no los de la clase explotadora. Que al seguir ese camino revolucionario, podremos transformarnos y descubrir nuestras capacidades, nuestro valor.

Tres libros sobre la construcción de dicho partido. También en inglés y francés.

¡Oferta especial!
El paquete de tres por US$30

El viraje a la industria junto con *Los tribunos del pueblo y los sindicatos* US$20

Cualquiera de estos dos libros junto con *Malcolm X, la liberación de los negros y el camino al poder obrero* US$25

WWW.PATHFINDERPRESS.COM

LA CRISIS CAPITALISTA Y LA LUCHA POR EL PODER OBRERO

¿Son ricos porque son inteligentes?

Clase, privilegio y aprendizaje en el capitalismo

JACK BARNES

Expone las crecientes desigualdades de clase en EEUU y las justificaciones de las capas profesionales bien remuneradas que creen que su "brillantez" los califica para "regular" a los trabajadores, quienes supuestamente no sabemos lo que nos conviene. US$10. También en inglés, francés, persa y árabe.

En defensa de la clase trabajadora norteamericana

MARY-ALICE WATERS

Basándose en las mejores tradiciones combativas de trabajadores de todos los colores de piel y orígenes nacionales, decenas de miles de trabajadores en Virginia del Oeste, Oklahoma, Florida y otros estados libraron huelgas victoriosas en 2018 y restauraron el derecho a votar para ex presos. Los que Hillary Clinton tacha de "deplorables" han comenzado a resistir. US$7. También en inglés, francés, persa y griego.

¿Es posible una revolución socialista en Estados Unidos?

Un debate necesario entre el pueblo trabajador

MARY-ALICE WATERS

Al luchar por una sociedad que solo el pueblo trabajador puede crear, lo que descubriremos son nuestras propias capacidades. Y responderemos con un rotundo "Sí" a la pregunta planteada aquí. Posible pero no inevitable. Eso depende de nosotros. US$7. También en inglés, francés y persa.

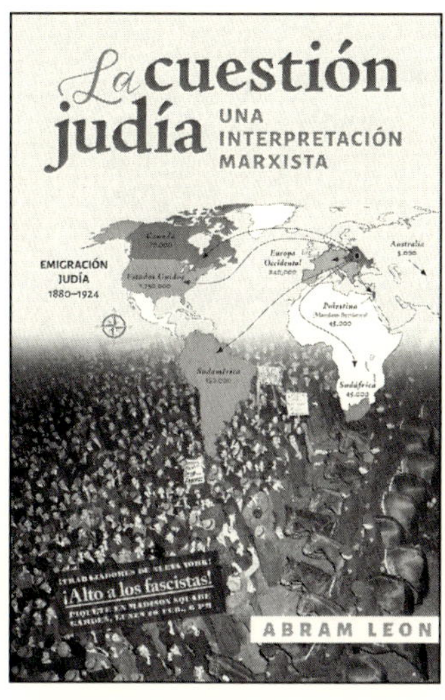

La cuestión judía

Una interpretación marxista

ABRAM LEON

¿Por qué sigue alzando la cabeza el odio antijudío? ¿Cuáles son sus raíces de clase, desde la antigüedad y el feudalismo hasta el ascenso del capitalismo y sus crisis actuales? ¿Por qué no hay solución a la cuestión judía bajo el capitalismo sin luchas revolucionarias que transformen al pueblo trabajador a medida que luchemos por transformar nuestro mundo? El autor, Abram Leon, fue asesinado en las cámaras de gas de los nazis. Esta edición contiene una traducción mejorada y 40 páginas de ilustraciones y mapas. US$17. También en inglés y francés.

Transitional Program for Socialist Revolution

(El programa de transición para la revolución socialista)

LEÓN TROTSKY

El programa del Partido Socialista de los Trabajadores, redactado por Trotsky en 1938, sigue guiando al PST y a comunistas por todo el mundo. El partido "combate intransigentemente a todas las agrupaciones políticas que están atadas a las faldas de la burguesía. Su tarea: la abolición del dominio capitalista. Su objetivo: el socialismo. Su método: la revolución proletaria". US$17. En inglés y persa.

Malcolm X habla a la juventud

"La joven generación de blancos, negros, morenos y demás: ustedes viven en tiempos de revolución", dijo Malcolm X en diciembre de 1964. "Yo me sumaré a quien sea, no me importa de qué color seas, siempre que quieras cambiar la condición miserable que existe en este mundo". Cuatro charlas y entrevistas que él dio en los últimos meses de su vida. US$12. También en inglés, francés, persa y griego.

TAMBIÉN DE CARLOS MARX Y FEDERICO ENGELS

El Manifiesto Comunista

CARLOS MARX
Y FEDERICO ENGELS

El comunismo, según explican los dirigentes fundadores del movimiento obrero revolucionario, no es un conjunto de ideas o "principios" preconcebidos sino el camino de la clase obrera hacia el poder, que surge de un "movimiento que se desarrolla ante nuestros ojos". US$5. También en inglés, francés, persa y árabe.

El capital

CARLOS MARX

Marx explica cómo funciona el sistema capitalista y cómo produce las contradicciones irresolubles que engendran la lucha de clases. Demuestra la inevitabilidad de la lucha revolucionaria para crear una sociedad gobernada por primera vez por la mayoría productora: la clase trabajadora. Tres tomos. Tomo 1, US$38 / Tomo 2, US$38 / Tomo 3, US$48. También en inglés.

Del socialismo utópico al socialismo científico

FEDERICO ENGELS

Una guía clásica sobre las operaciones del capitalismo y las luchas de la clase obrera. Esta edición también incluye la introducción a *La dialéctica de la naturaleza*, que explica la interrelación entre la ciencia natural y la evolución de la sociedad humana. Ambas obras de Engels están en la colección titulada *Tesis sobre Feuerbach y otros escritos filosóficos*. US$18

El origen de la familia, la propiedad privada y el estado

FEDERICO ENGELS

De cómo el surgimiento de la sociedad dividida en clases dio origen a los cuerpos represivos del estado y a la condición oprimida de la mujer, que protegen la propiedad de las clases dominantes y les permiten traspasar su riqueza y privilegios. Engels plantea las consecuencias para los trabajadores de estas instituciones de clase, desde sus formas originales hasta las versiones modernas. US$17.95. También en inglés y persa.

La sociedad comunista

FEDERICO ENGELS, CARLOS MARX, V.I. LENIN

Incluye fragmentos de *Anti-Dühring* en que Engels rebate el dogma de un profesor reformista, cuyos partidarios pretendían "difundir esta doctrina de forma popularizada entre los trabajadores" y convertir al partido obrero en Alemania en una "pequeña secta". El dirigente bolchevique V.I. Lenin consideró esta obra un "manual necesario para todo trabajador consciente" que quiera acabar con la explotación y la opresión. US$7

The Civil War in the United States

(La Guerra Civil en Estados Unidos)

CARLOS MARX Y FEDERICO ENGELS

Artículos de los fundadores del movimiento obrero comunista sobre la Segunda Revolución Norteamericana —cuyo desarrollo ellos siguieron muy de cerca— que explican por qué la batalla por derrocar la esclavocracia y abolir la esclavitud era de interés fundamental para la clase obrera a nivel mundial. En inglés. US$14

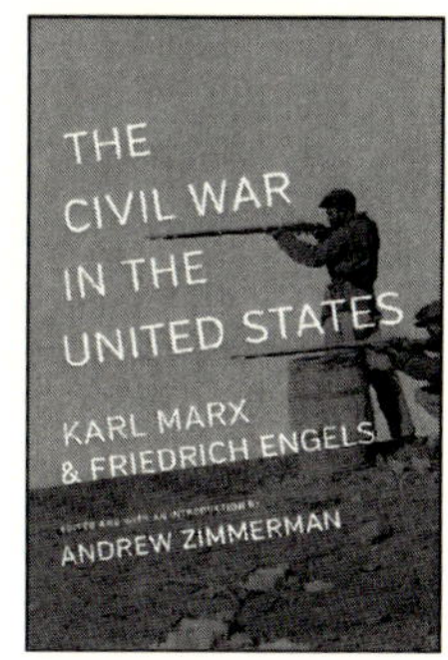

'LA HISTORIA DE LA SOCIEDAD EXISTENTE ES LA HISTORIA DE LAS LUCHAS DE CLASES'

America's Revolutionary Heritage

Marxist Essays

(La herencia revolucionaria de Estados Unidos: Ensayos marxistas)

GEORGE NOVACK

Una historia materialista de la Revolución Norteamericana, la Guerra Civil y la Reconstrucción Radical, el genocidio contra los indígenas, el ascenso del imperialismo norteamericano, la primera ola de luchas por los derechos de la mujer y mucho más. En inglés. US$23

La evolución de la mujer

Del clan matriarcal a la familia patriarcal

EVELYN REED

Un viaje desde la prehistoria hasta la sociedad de clases que revela los aportes de la mujer, aún muy desconocidos, al desarrollo de la civilización. Reed señala los factores históricos que llevaron a la discriminación generalizada de la mujer como sexo. Ofrece perspectivas frescas sobre la lucha contra la opresión de la mujer y por la liberación de la humanidad. US$25. También en inglés, persa e indonesio.

El enfoque materialista de Marx y Engels

V.I. LENIN

¿Cómo surgió el capitalismo? ¿Cómo y por qué agotó este sistema explotador su papel otrora revolucionario? ¿Por qué son necesarios los cambios revolucionarios para el avance humano? En esta colección de escritos, bajo el título *Marx-Engels-marxismo*, Lenin, principal dirigente de la revolución bolchevique en Rusia, explica cómo Marx y Engels abordan estas y otras cuestiones desde una fundación materialista. US$18

TAMBIÉN DE PATHFINDER

Las luchas del sindicato Teamsters

FARRELL DOBBS

"La principal lección de la experiencia de los Teamsters no es que, con una correlación de fuerzas adversa, los trabajadores pueden ser vencidos, sino que con la debida dirección, ellos pueden vencer". —*Farrell Dobbs*

Cuatro libros sobre las huelgas y campañas políticas y de sindicalización que transformaron a los Teamsters en el Medio Oeste en los años 30 en un combativo movimiento sindical industrial. Escrito por el organizador general de estas batallas y un dirigente del Partido Socialista de los Trabajadores.

US$16 cada tomo, US$50 por los cuatro. También en inglés. *Rebelión Teamster* está disponible además en francés, persa y griego.

Playa Girón/Bahía de Cochinos

Primera derrota militar de Washington en América

FIDEL CASTRO, JOSÉ RAMÓN FERNÁNDEZ

En abril de 1961 las fuerzas armadas revolucionarias de Cuba derrotaron, en menos de 72 horas, una invasión de 1,500 mercenarios organizada por Washington. El pueblo cubano dio un ejemplo a los trabajadores, agricultores y jóvenes del mundo: de que, dotados de conciencia política, solidaridad de clase, valentía y una dirección revolucionaria, es posible enfrentarse a un poder enorme y vencerlo. US$17. También en inglés.

Los cosméticos, las modas y la explotación de la mujer

JOSEPH HANSEN, EVELYN REED, MARY-ALICE WATERS

Explica cómo los capitalistas aprovechan la condición de segunda clase de la mujer para extraer ganancias. De dónde proviene la opresión de la mujer. Y cómo la integración de millones de mujeres a la fuerza laboral fortalece la batalla por su emancipación. US$12. También en inglés, persa y griego.

WWW.PATHFINDERPRESS.COM

MÁS LECTURA

El historial antiobrero de los Clinton

Por qué Washington le teme al pueblo trabajador

JACK BARNES

Lo que el pueblo trabajador necesita saber sobre el curso, impulsado por el lucro, que han seguido los demócratas y republicanos por igual en los últimos 30 años. Y el despertar político de los trabajadores que buscan entender y resistir los ataques de los gobernantes capitalistas. US$10. También en inglés, francés, persa y griego.

Sexo contra sexo o clase contra clase

EVELYN REED

Explora las raíces sociales y económicas de la opresión de la mujer desde la sociedad prehistórica al capitalismo moderno, y señala el camino hacia la emancipación. US$12. También en inglés, persa, árabe y griego.

En defensa de la tierra y del trabajo

"La producción capitalista solo se desarrolla socavando simultáneamente las fuentes originales de toda la riqueza: la tierra y el trabajador".
—*Carlos Marx, 1867*

TRES ARTÍCULOS

EN *NUEVA INTERNACIONAL* NO. 7

- **Nuestra política empieza con el mundo**
  JACK BARNES
- **La agricultura, la ciencia y las clases trabajadoras**
  STEVE CLARK

EN *NUEVA INTERNACIONAL* NO. 8

- **La custodia de la naturaleza también recae en la clase trabajadora**
  JACK BARNES, STEVE CLARK, MARY-ALICE WATERS

US$14 cada uno

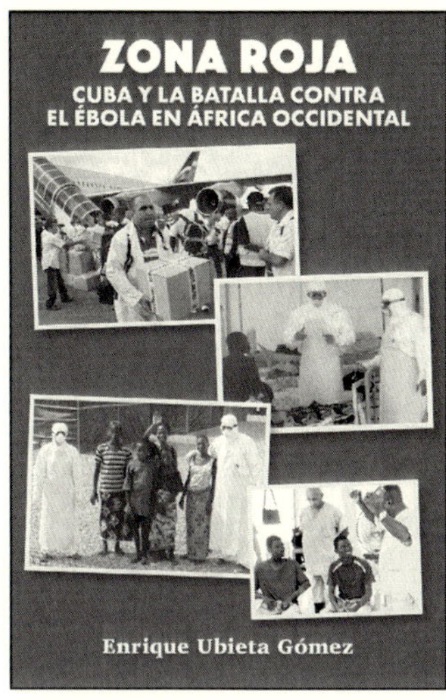

Zona Roja

Cuba y la batalla contra el ébola en África Occidental

ENRIQUE UBIETA GÓMEZ

Cuando tres naciones africanas fueron asoladas en 2014–15 por la mayor epidemia del ébola hasta la fecha, el gobierno revolucionario de Cuba respondió a un llamado internacional y brindó lo que ningún otro país intentó aportar: 250 médicos y enfermeros voluntarios. Este recuento testimonial de sus actividades demuestra el tipo de hombres y mujeres que solo una revolución socialista puede producir. US$17. También en inglés y francés.

Revolutionary Continuity

Marxist Leadership in the US

(Continuidad revolucionaria: Liderazgo marxista en EEUU)

FARRELL DOBBS

En dos tomos: *Los primeros años, 1848–1917*; *Nacimiento del movimiento comunista, 1918–1922.* En inglés. US$17 cada uno.

"Generaciones sucesivas de revolucionarios proletarios han participado en los movimientos de la clase trabajadora y sus aliados... Los marxistas de hoy no solo debemos rendirles homenaje por sus acciones. Tenemos el deber de aprender de lo que hicieron mal y lo que hicieron bien para no repetir sus errores." —*Farrell Dobbs*

La huelga de los obreros de la carne contra la Hormel en Austin, Minnesota, 1985–86

FRED HALSTEAD

La reñida huelga contra la empresa Hormel dio paso a una ola de batallas de obreros empacadores de carne que, junto a las huelgas de obreros del papel, de enlatadoras y del carbón del oeste de EEUU marcaron una ruptura en la desbandada de los sindicatos norteamericanos que había comenzado con la recesión de 1981–82. US$5. También en inglés.

En defensa del marxismo

Contra la oposición pequeñoburguesa en el Partido Socialista de los Trabajadores

LEÓN TROTSKY

Trotsky responde a aquellos en el movimiento obrero revolucionario a fines de los años 30 que cedían ante las presiones del patrioterismo burgués cuando Washington se aprestaba a ingresar a la guerra imperialista en Europa. Explica por qué solo un partido que luche por integrar a números crecientes de trabajadores a sus filas y su dirección puede mantener un rumbo comunista. Trotsky defiende las bases materialistas y dialécticas del socialismo científico. US$17. También en inglés.

El socialismo en el banquillo de los acusados

Testimonio en el juicio por sedición en Minneapolis

JAMES P. CANNON

El programa revolucionario de la clase trabajadora, tal como fue presentado en respuesta a cargos fabricados de "conspiración sediciosa" en 1941, en vísperas del ingreso de Washington a la Segunda Guerra Mundial. Los acusados eran dirigentes del movimiento obrero en Minneapolis y del Partido Socialista de los Trabajadores. US$15. También en inglés, francés y persa.

El socialismo y el hombre en Cuba

ERNESTO CHE GUEVARA, FIDEL CASTRO

"El hombre realmente alcanza su plena condición humana cuando produce sin la compulsión de la necesidad física de venderse como mercancía", escribió Ernesto Che Guevara en 1965. US$10. También en inglés, francés, persa y griego.

PATHFINDER EN EL MUNDO

ESTADOS UNIDOS
(y América Latina, el Caribe y el este de Asia)

Pathfinder Books, 306 W. 37th St., 13º piso
Nueva York, NY 10018

CANADÁ

Pathfinder Books, 7107 St. Denis, Suite 204
Montreal, QC H2S 2S5

REINO UNIDO
(y Europa, África, el Medio Oriente y el sur de Asia)

Pathfinder Books, 5 Norman Rd.
Seven Sisters, Londres N15 4ND

AUSTRALIA
(y el sureste de Asia y Oceanía)

Pathfinder Books, Suite 103, 124-128 Beamish St.
Campsie, Sydney
Dirección Postal: P.O. Box 73, Campsie, NSW 2194

NUEVA ZELANDA

Pathfinder Books, 188a Onehunga Mall Rd.
Onehunga, Auckland 1061
Dirección Postal: P.O. Box 13857, Auckland 1643